# 定年夫婦のトリセツ

黒川伊保子

SB新書
473

# はじめに
## ～結婚70年時代が幕を開けた

今年、私たち夫婦は還暦を迎え、3月には夫が定年退職をする。

（この本が発売されるころには、もう家にいる人になっている！）

結婚34年目の私たちである。ふと、このの ち何年夫婦を続けていくのかしら、と指折り数えてみて、驚愕してしまった。

1959年生まれの私たちの世代は、3～4人に一人が100歳以上生きるとテレビで言っていた。もしも万が一（三が一だけど）、私たちが100歳に到達するのなら、なんとこれから40年もあることになる。人生100年時代の到来は、結婚70年時代の到来でもあったのだ。

これまでよりはるかに長い年月を、私たちは夫婦として生きていく！　永遠の愛を誓って涙を流し、我が子に出会い、泣いたり笑ったりして共に歩いてきたこの道のりより、はるかに長いって、どんなに長いんだ。

しかも、夫が家にいる。

こ、これはかなりの覚悟と工夫がいるのでは？　と、私は珍しく動揺してしまった。

うちだけの問題じゃない。残念ながらこの事態に、人類は慣れていない。少し前まで、男たちは定年退職した後、そう長くは生きていなかったのだもの。

２０１８年、『妻のトリセツ』（講談社＋α新書）という本を著した。妊娠、出産、子育てを乗り越えていく若い夫婦に特化して書いた本だったのだが、意外にも50代、60代から多くの反響をいただいた。「妻の笑顔を10年ぶりに見ました」「夫婦仲が劇的によくなり、定年が怖くなくなりました」などなど。

妻の笑顔が10年も消えている家、定年が怖い家、そして、上沼恵美子さんの別居で注目を浴びた夫源病。日本の夫婦シーンは、暗雲立ち込めている。

夫婦の道のりは、けっして安泰じゃない。脳の7年周期にしたがって、7年ごとに危機がやってくる（拙著『ヒトは7年で脱皮する』〈朝日新書〉参考）。

結婚7年目、男女のときめきが消えて、本当の夫婦道はここから始まる。ここであきらめる夫婦もいて、「7年目の離婚」はほかの年回りの離婚に比べて、明らかに多い。2018年に離婚した及川光博と檀れいの二人も結婚7年目だった。

結婚したその日から、夫婦の時計は止まらない。「男と女」の7年、「戦友」の7年ののち、「関心と無関心のゆらぎ」の7年を経て、「腐れ縁」の域へ入ってくる。7年ごとに相手に飽きて（あきれ果てて）、「この人でよかったのかしら」と逡巡しつつ。

結婚28年目、夫婦は「安寧」の扉を開く。その直前が、実は最も危ないのである。腐れ縁にあきれ果てるときだからだ。

夫婦の道のりは、パンドラの箱に似ている。人生の苦悩のすべてが噴出した後に、希望がふわりと飛び立つあの箱だ。


28年目、へとへとになった夫婦の間に、希望の光が生まれる。生まれたての希望はとても弱々しくて、二人で育てないと消えてしまうかのようだ——。

腐れ縁の果てに訪れる、小さな「希望の光」を見逃さないで。それを、二人の手のひらで、そっと包んでほしい。風の中の灯を消さないように。それがこの世の夫婦すべてに、私が贈りたいメッセージだ。

この灯さえ消さなければ、結婚35年目、夫婦は「阿吽《あうん》の呼吸」期に入っていく。結婚28年目から35年目の7年間は、「阿吽の呼吸」か「絶望（夫源病、妻源病）」かの分かれ目だ。ゲームで言えば、最後のボスキャラ登場のクライマックス！　いくつもの難関を乗り越えてきた夫婦に訪れる、最大の難関と呼んでいいかもしれない。

しかもこれは、派手な銃撃戦はない代わりに、繊細さが要求される。冒険物語の最後に、真実への道を拓く呪文を解き明かす、あのシーンを思い出してほしい。正しい呪文を唱えたら光に包まれるが、間違えたら死。最も緊張するあの局面に立たされるのである、この世のすべての夫婦が。

それでいえば、最初の難関で手放すなんて、「7年目の離婚組」は甘すぎる。痛い思いをしながら、もっと奥深くへ入らなければ、夫婦の真実には出会えないのである。

そして、2019年、とうとうHanako世代が定年を迎え始める。

Hanako世代は、都市型情報誌『Hanako』創刊時に20代前半だった若者たちを指す。1959年から1964年に生まれた世代である。Hanako世代は、劇的に婚期を遅らせた。「クリスマスケーキ（26になると価値がなくなる）」と言われた女性の〝旬〟を「鏡餅（31を越えて本番）」に変えた心強き世代なのだ。男女雇用機会均等法の初期世代でもある。

つまり、これから定年を迎えようとしている夫婦は、多くが結婚28年目を越えてすぐ、「正しい呪文」か「間違い呪文」かの瀬戸際に、人生の節目を迎えることになるのである。

夫婦は、定年を迎えて初めて、しっかりと向き合うことになる。子育てにかまけ、仕事の忙しさにかまけて、しっかりと向き合ってこなかったツケを、ここで払わなければならない。生活が変わるそのときは、絶望のスイッチを入れるピンチだけれど、希望の灯を大きくするチャンスでもある。

というわけで、最後の呪文を、けっして間違うわけにはいかない。

この本は、呪文を解き明かすヒントどころか、「正しい呪文」そのものと使い方まで指南している。晩婚時代の定年前後の必読書。

もちろん、すでに「最後の聖戦」に敗れかけている方にも、ぜひ。巻き返しができる可能性は大きい。夫婦はたった一つのことばでやり直せる。たった一つのことばで、絶望させるその一方で。では、「正しい呪文」の唱え方、とくと御覧じくださいませ。

目次

はじめに――結婚70年時代が幕を開けた……3

第1章 夫婦はなぜムカつき合うのか……13

男と女、永遠の命題に挑む／男は〝遠くの異物〟に気を取られる／半径3mの外側が男の守備範囲／35年前、歴史は変わった／女の意識は、近くの愛しいものへ／男女は二つ揃って完全体になるペアの装置／「男女が同じ」はかえって危険だ／とはいえ、昔に戻るわけにはいかない／男性脳・女性脳を知り尽くせ／いずれにしろ夫婦は真反対／腹立たしい癖はあきらめよう／ムカつき合うことこそ、愛の正体だった！／覚悟を決めよう／心の文脈、事実の文脈／最も深い男女のミゾ／定年夫婦は会話ですれ違ってはいけない／男たちの帰還

第2章 定年夫婦のための準備……35

なにごとも準備が大事……36

定年夫婦の準備【その1】
夫は共感力を身につけ、妻は夫の「ぼうっと」を許そう……37
夫はなにより共感力を身につけよ／女性脳は水や空気のように「共感」を必要としている／妻を否定する必要など、本当にあるのだろうか／夫の役割はショックを和らげること／女性脳は「ちょっと無責任」なマルチタスク／謝るときも共感から／共感は態度でも示そう／夫の性善説を信じる／妻は夫の「ぼうっと」を許そう／妻が身につけるべき3秒ルール／結論から言う、数字を言う／男の思いやりを誤解しない

定年夫婦の準備【その2】
夫婦の「定番」を作り直そう……54
定年のタイミングで定番を変える／最初が肝心／男性脳には「原点」が必要だ／夫

にとっては妻が「原点」／ホワイトボードを買おう／やるべきことは以下の通り／二人の記念日も書き込もう／記念日が運命の分かれ道／妻にとって夫は「思い出アルバム」／男性脳には「定番」が重要／妻はまず「定番の外出先」を作る／静かに決心を伝える

**定年夫婦の準備【その3】**
**互いに「個」になる**……69
空間分散、タスク分散をする／お互いの個室を持つ／ぼうっとしないと寿命が縮む男性脳／別々に寝る、自分らしく寝る／「自分だけの趣味」を一つ、「一緒にできる趣味」を一つ／同じ趣味では、距離感に気をつけよう

**定年夫婦の準備【その4】**
**チームになる**……78
夫婦二人、チームで生きる／家は寛ぐところじゃない／夫はリベロである／夫の得意技を決めよう／妻は上官／家事は男の想像の6倍ある／妻の機嫌を損ねない家／夫は家事動線を見直してみよう／指揮官の心得／「じゃ、僕は、外で食べてくるから」問題

／男性脳の融通の利かなさを楽しむ／食事の間はケンカをしない／穏やかな気持ちでごはんを食べる／悪妻になってみる／夫は妻のわがままに照らされて生きている／「夫と一緒」「妻と一緒」を楽しむ／格好いい大人のカップルになる／エスコートで惚れ直させよう／レディファーストは責務と思おう

## 第3章 「夫の禁則」五箇条

「夫の禁則」五箇条……101

夫婦がやってはいけない5つのこと……102

**夫の禁則**

一、妻の行き先をいちいち聞かない……103

二、朝食を食べながら「昼食は？ 夕飯は？」と聞かない……110

三、「たまの正論」を振りかざさない……115

四、妻を手足がわりにしない……121

五、ことばをケチらない……126

第4章 「妻の禁則」五箇条……131

男は本当は繊細で優しい……132

妻の禁則

一、いきなりストッキングを履かない……135
二、ことばの裏を読まない……139
三、口角を下げない……143
四、縄張りを侵さない……147
五、「あ～もうこれやらなくていいんだ」は言わない……153

おわりに――挽回の呪文……158

第1章

# 夫婦はなぜムカつき合うのか

## 男と女、永遠の命題に挑む

夫婦は、なぜムカつき合うのか。

その永遠の命題に、人工知能研究から生まれた男女脳論が答えをくれた。

結論から言うと、男と女は、あらゆるシーンで正反対の答えを出す、真逆の装置なのである。そして、そうである以上、男女は譲り合っていては危ないのだ。互いにムカつき合い、喧嘩をすることで、「その場の正解を最速で出す」システムになっているから。

つまり男女は、ムカつき合うことが大前提の、ペアの装置なのである。

## 男は〝遠くの異物〟に気を取られる

ものを見るという機能において、男女は、その守備範囲を真っ二つに分けている。

男性脳は半径3ｍより外側の、動く異物に瞬時に照準が合うように眼球を制御している。

デートをするとき、男性が壁際の席に座ることはお勧めできない。男性が店内を見渡せる席に座ると、「熱い皿を持ったウェイトレス」や「入ってきた客」に、いちいち眼球が向いてしまう。ちらちらとよそ見をして、目の前の女性に集中していないように見えてしまうのである。それをしないように頑張っても無理。空間認知力の高い（理系の能力や、戦略力の高い）男子ほど、これを無意識のうちにやってしまっているからだ。遠くで動く異物に瞬時に視線を走らせることで、リスクヘッジをしているのである。

そして、空間を把握するときは、遠くから手前に向かって視線を走らせる。さらに、全体をまばらに見て、空間全体の距離感や、ものの位置関係を測っている。

冷蔵庫の扉を開けたときも、男たちは手前の見えているものよりも、奥に隠れているものにまず視線を走らせることになる。だから、「頼んだものは持ってこれないくせに、奥のほうの賞味期限切れの食品だけは目ざとく探し出して持ってくる」のである。

とはいえ、賞味期限切れ（しかもとっくに）の食品は、危険な異物である。それを取り除くのは大いなるリスクヘッジだ。でも、太古の昔、洞窟のヘビを退治したら一族の称賛をもらえた男性脳も、冷蔵庫の賞味期限切れ食品の処分は、冷ややかな目で見られておしまい。

淑女の皆さま、なんだか、男性脳がかわいそうになってきませんか？

## 半径3ｍの外側が男の守備範囲

男性脳は、何万年も狩りをしながら進化してきた。荒野に出て、危険な目に遭いながら、仲間と自分を瞬時に救いつつ、確実に獲物を持って帰ってきた男性だけが、安定して子孫を増やしてきたのである。

その進化の果てに21世紀の男性たちがいる。広い空間を一気に見渡して地理情報を把握し、向こうから飛んでくるものをいち早くキャッチして、確実に迎撃する。そんな脳神経信号の制御が、研ぎ澄まされて、ここにあるのだ。

半径3ｍの外側は、何㎞も先まで男性脳の守備範囲だ。繊細にものを見るわけじゃないが、要所要所を見逃さない。そんなものの見方で男性脳は、広さと速さを旨《むね》とした視覚認知を実現している。

そんな男性脳に、目の前のものを大切そうに見つめ続けよ、あるいは、目の前のものを探せというのが酷なのだ。何万年も男たちは、半径3ｍ以内は女に任せて、「狩りのための眼球制御」を進化させてきたのだから。

何万年もそれでよかった。――35年前までは。

## 35年前、歴史は変わった

残念ながら、男女雇用機会均等法以降、女たちはその役割を放棄しつつある。「なんで、目の前にあるものを探すのに私を呼ぶわけ？　私は忙しいのよ！」というわけだ。

そして、定年退職して狩場から離れた以上、男たちも3m以内の世界でうまくやっていかなくてはならない。家の中は、ほぼ半径3m以内でできあがっているからね。

35年前までは、定年退職後、男たちはそう長生きしなかった。しかし今は、ここから40年生きる。夫にとって未知の領域、「半径3mを綿密に見る世界」。家は、男たちにとってアウェイだ。ホームなのにアウェイ、海外でサッカーの試合をするかのよう……かわいそうに。

今からその能力を女性並みに上げることはできない。しかし、互いのものの見方が違うということがわかれば、妻がなぜムカつくのか、夫がなぜ戸惑うのか、その謎が解ける（その解説と対策は次章以降に。乞うご期待）。

ほらね、人生100年時代、うまく夫婦をやるには、知が何より大事なのだ。

## 女の意識は、近くの愛しいものへ

女性脳は、半径3m以内（概念距離なので多少の幅はある）を面でつぶすように、なめるように見て、針の先ほどの変化も見逃さない。何か不穏なものや探し物があるときは、たとえ隠れていても、「このあたりに何かある」と感じる能力さえある。おそらく視覚だけではなく、嗅覚や触覚（皮膚感）までをも総動員するのだと思う。

「隠れているものを見る、といえば」と、ある紳士が話してくれたことがある。「妻はお茶の先生で、先週、茶席の野花を探しに、僕の車で山に入ったんです。助手席で外を眺めていた妻が、ちょっと停まって、と言ったので、その通りにした。そうしたら妻が、さっきのあの風景……あの風景からススキと枯れ枝を除いたら、きっとあの花が出てくるはず、とつぶやいて、そこに戻れと言うんです。で、戻って、枯れ枝を分けたら、たしかにその花が顔をのぞかせた。道路からはまったく見えてないんですよ、しかも、ゆっくりとはいえ走っていたし。彼女には超能力があるよね？」。

私は、たしかに奥様は抜群に優れているけれど特別っていうわけじゃない、女には「自分が好きでたまらない領域」においては誰でも、それに似た超能力を発揮する、と答えざるをえなかった。

## 男女は二つ揃って完全体になるペアの装置

男は遠くの、動く異物に目がいき、女は近くの、愛しいものに意識が行く。男女ともおちついた状態ではどちらの見方もできるのだが、とっさには、真っ二つに分かれるのである。幼き者に危険が迫れば、男の目線は危険なものに向かい、女は幼き者から目を離さない。男女は、とっさのときに正反対の反応をして、愛する者を守り抜き、真実を照らし合う。二つ揃って完全体になる、ペアの装置なのである。

さて、そんな大事なペアが、なぜ、ムカつき合うのだろうか。互いに自分の役割をしっかりと務めて、相手に「自分と同じ」を求めなければいいだけのことなのに。

しかし、現代社会は、「男女は同じ」という概念のもとに成り立っている。太古の昔から、夫婦とは「真反対の装置が組み合わさって、一つのシステムを作る」組織だったのに、「同じ装置が寄り添って、一つのシステムを作る」組織に変わってしまった。

脳は何万年もかけて進化しており、急に変われるわけもないのに。

## 「男女が同じ」はかえって危険だ

「男女は同じ」と再定義されたとき、男女で脳は違うと知らなければ、男も女も、相手が自分と同じ装置だと信じるだろう。

女は、夫が「自分と同じように、愛する人の所作を察して、手を差し伸べ、愛する人の体調変化を本人よりも先に感じ取って、優しい声をかけられるはず」と信じてしまう。だから、それができない夫に絶望する。

一方、男は、妻が「自分と同じように、事実を冷静に見極め、最も合理的な答えを出すことを望んでいる。普遍の真理が愛しいはず」と信じてしまう。だから、ただただ共感してほしい妻に、「相手はここが悪いが、きみもこうするべきだった」なんて正論を言ってしまって、地雷を踏むのだ。

「男女は同じ。仕事も家事もイーブンに分け合え」なんて、絵に描いた餅。そもそも自然の法則に反している。

そんなことを言うから、男女は絶望し合うことになる。

男女は違うのである。夫婦は、「真反対の機能」の組み合わせだ。そう自覚するところからしか、本当の夫婦は始まらない。特に定年夫婦は。

## とはいえ、昔に戻るわけにはいかない

では、昔に戻ればいいのだろうか。

男は男らしく、女は女らしく。すべきことも、口の利き方さえも男女それぞれのやり方が決まっていた昭和以前の時代に。――いいえ、それはきっぱりとNOである。

ことは、そう簡単ではないのだ。

男性の身体のすべてに男性脳が載っているわけじゃないし、女性も同じだ。

男性脳とは、多くの男性が呈する典型的な神経信号特性（演算モデル）のこと。

女性脳とは、その女性版である。

すべての男性に男性脳が載っているわけじゃないし、男性脳の持ち主でも四六時中、典型的な信号特性を呈しているわけじゃない。女性もまた同じである。

さらには太古の昔から、男性（女性）でありながら、典型的な男性脳（女性脳）ではない脳の持ち主は一定数、存在していた。社会が決めた「男の役割」「女の役割」に、心を蹂躙《じゅうりん》された気分になる人は、少数ながら存在してきたのである。

加えて現代では、男性たちの男性ホルモンの分泌が悪くなっているため、男性脳型を呈

しない男性は確実に増えている。

## 男性脳・女性脳を知り尽くせ

男性ホルモン・テストステロンは、「真夜中、網膜が過剰な視覚刺激から解放されていること」「朝日を網膜に当てること」「一日の終わりに肉体疲労があること」をもって分泌が促進される。肉体労働が減り、真夜中に携帯端末を凝視する現代社会では、30年前の男性たちに比較して、かなりの減衰が見られているのだ。

２００７年のアメリカの論文では、アメリカ人男性５０００人の追跡調査により、過去20年の間に、同年代の男性のテストステロン分泌量に20～30％もの減少が見られたという。２００７年の20年前と言えば１９８７年、アメリカ全土にファミリーコンピュータがいきわたったころである。２００７年からの10年間には、iPhone ＆スマホ時代が到来している。この現象はさらに進んでいると見ていい。

一方で、女性は、俯瞰力・戦略力を酷使すると、テストステロンの分泌が増える傾向にある。２０１８年の新聞によれば、「イクメン、家事男《カジダン》の夫と、キャリアウーマンの妻では、テストステロンの分泌量が逆転しているケースもある」のだそうだ。

つまり現代では、男性の身体を持っているから男性脳（男性の役割がふさわしい）、女性の身体を持っているから女性脳（女性の役割がふさわしい）と、単純には決められないのである。

というわけで、昔のように、男と生まれたら男の道を、女と生まれたら女の道を行くと決められる時代じゃない。すべての人に平等に、どちらの道を行く権利もある。

だからこそ一方で、男性脳型の良さも、女性脳型の良さも知り尽くし、うまく自分を活かすことが大事な時代なのだ。

## いずれにしろ夫婦は真反対

面白いことに、夫婦は真反対なものである。

夫が女性脳型の場合、妻は男性脳型であるケースがほとんどだ。ここでいう夫婦の間では、一般の夫婦と逆の言い争いが起こっている。また、男女が完全に逆転しなくても、夫婦は気になるところが一致しないようにできているらしい。

「皿洗いをしたら、茶碗の底の洗いが足りない、拭き方が悪い、といちいち文句を言われてやる気が失せる」と嘆く夫が多いけれど、我が家は逆。

食器をあらかた洗って食洗機に入れる夫に、私が「せっかくの食洗機なのに、そんなに洗ったら水がもったいない」と言うと、「コップが曇っているときがあるし、茶碗の底の中の汚れが取れてないときがあってやだ」と抵抗する。私が「食洗機を発明したのはアメリカ人でしょ？　だったら食洗機を使うときは、アメリカ人にならなきゃ。洗えてないときだけ洗い直せばいい、多少のくすみやぬるつきは気にしない、というフランクな気持ちが大事」と言ったら、「きみの合理性にはついていけない」と絶望されてしまった。

## 腹立たしい癖はあきらめよう

男女は、生物多様性の論理にのっとって、正反対の感性の持ち主に惚れる。遺伝子の免疫抗体の型を決めるＨＬＡ遺伝子が一致しない相手に発情するのだ。

暑さに強い個体と、寒さに強い個体が子孫を残せば、地球が温暖化しても寒冷化しても子孫の誰かが適合できる。ウイルスに弱い人はウイルスに強い個体を、飢餓に弱い個体は飢餓に強い個体を求め、「より強い遺伝子セット」を作ろうとしている。

というわけで、夫婦のエアコンの快適温度はけっして一致しない。どちらかが気持ちよければ、もう片方は寒いか暑い。

寝つきも正反対に分かれるようだ。どちらかが寝つきがよければ、どちらかが悪い。寝つきの悪いほうは、寝つきのいいほうの寝息が腹立たしかったりする。

せっかちはおっとりに、几帳面はずぼらに……胸がきゅんとして、燃え上がってしまう。恋愛結婚の時代に、夫婦の感性は、ほぼほぼ真逆といっていい。

エアコンを勝手に切っちゃうのも、先にすとんと寝ちゃうのも、歯磨き粉のチューブを何度言っても途中からぶちゅっとやるのも、それがイラっとするなら、そこが実は惚れポイントに由来する。そういう遺伝子を求めて、胸がきゅんとしたのである。「かつて、愛して愛して愛しちゃった」証と言っても過言ではない。

というわけで、そこはもうあきらめよう。

適正室温があまりに一致しないなら、それぞれの部屋を持てばいい。我が家は、適正室温が10度ほど違うので（私は15度、夫は25度）それぞれの個室を持ってるし、洗面台の棚に、同じ歯磨きのチューブが2本立っている。几帳面に底から絞り出す夫用と、真ん中をぎゅっと握る妻用。真ん中で無造作に絞ると、ときどき、ぽふっと塊が跳ぶので、夫は我慢できないらしい。私は、そのぽふっが楽しいのだけど。

そうやって分けても分けても、それでも、ときにむかっ腹が立つ。それが夫婦なのである。なぜならムカつくことこそ「とっさに真反対の答えを出す、ペアの装置」が正常に機能するための大事な要件だからだ。

## ムカつき合うことこそ、愛の正体だった！

私がそのことに気づいたのは、スパイ映画を観たときだった。

スパイ映画が教えてくれたわけじゃない。スパイ映画を観ていて、「これからは、スパイもAIだな」と思いついた私は、帰路に妄想でスパイロボットを設計してみたのである。ビューセンサーに関しては、男性脳型と女性脳型を二つ用意しなければならない。半径3mの外側を広くサーチして、動くものに瞬時に反応する男性脳型と、半径3m以内をなめるようにサーチして、針の先ほどの変化も見逃さず、見えない地雷の気配さえも感じる女性脳型。

しかし問題がある。この二つのビューセンサーは、一つのロボットに載せることができないのだ。同時に相反する答えを出す可能性がある並列プログラムを一つの処理系に載せてはいけない。これは、人工知能の不文律である。「ビューセンサー1」が左、「ビューセンサー2」が右と判断したら、このロボットはどちらにも行けずにフリーズしてしまう。

最も合理的な方法は、2体のロボットを用意して、片方に女性脳型の、もう片方に男性脳型のビューセンサーを搭載することだ。この2体が手に手を取って敵アジトに潜入する。

私はこの2体の行動類推をしていて、彼らに大事な仕上げのプログラムをしてやらなければならないことに気がついた。それは互いに「自分が正しくて、相手が愚かだ」と思い合うこと。さらに、ちょっと惚れ合っていること。


自分が正しいと信じ、相手に惚れていれば、意見が分かれたとき、2体は即座に喧嘩することになる。相手を失いたくないので、正しい道に導こうとして。とっさに激しく喧嘩して、そのとき意志が強いほうが勝つ。これこそが競合解消が最短で終わり、正解率が高くなる唯一の方法である。それでも意志の拮抗が長びけば危ないので、時間または喧嘩のボルテージがある閾値《いきち》を超えたら、いっそ憎み合う仕組みにして、右と左に潔く分かれてもらう。そうすればどちらかが情報を持って帰ってくれるだろう。

いい男といい女が、惚れ合いながら、喧嘩しつつ敵アジトを駆け抜ける。考えてみればこれは、昨今の007のテッパンのスタイル。脳科学上、最も正しいスパイセットなのである。美男美女じゃ目立ちすぎるけどね。

もしもこの2体が譲り合っていたら、競合は解消できない。相反する答えを出す並列プログラムは、けっして迎合してはいけないのだ。

さて、この仕組み。「互いに自分が正しくて、相手がちょっと愚かだと思い込み、惚れている。喧嘩が長びけば憎み合って別れる」。心当たりはないだろうか。

そう、この仕組みこそが、この世の男と女の真実。互いと子孫の生存可能性を上げる、唯一にして最高の方式なのである。

## 覚悟を決めよう

まとめよう。

惚れ合って一緒になった夫婦は、とっさに正反対の反応を生み出すペアの装置にほかならない。さらに、とっさにムカつき合うことで、最高の答えを最短で出すシステムなのである。というわけで、夫婦の愛とは「わかり合い、譲り合う」ことではないのだ。ムカつき合うことこそ愛の正体だったのである。

そうとわかれば、覚悟を決めればいい。

夫と妻がわかり合えるだなんて、つゆほども思わないことだ。「あのとき　同じ花を見て　美しいと言った二人」が「素晴らしい愛」なのだとしたら、その二人は生存可能性の高い夫婦にはなれない。そもそも、同じ花なんか見ちゃいない夫婦が、最もいい夫婦なのだから。

わかりえないと覚悟を決め、二人ができるだけムカつかないように工夫して生きる。その工夫がうまくいった二人は、阿吽の呼吸で喧嘩を寸止めできる、唯一無二のペアになるに違いない。

二人の間には、「わかる、わかる」系の共感をはるかに超えた、深い理解が生まれるだろう。自分を絶妙に補完する相手であることを知るわけだから。自分が相手を補完していることで、新たに自己価値を見出すこともあるだろう。そこには、見たこともない強い絆が生まれるはずである。

この世に生まれ、縁あって夫婦になったのだもの、そこまで行ってみようじゃない？

## 心の文脈、事実の文脈

男女は、とっさに選ぶ対話方式も真逆になる。

会話の時間が増える定年夫婦にとって、これは大きな問題になるので、知っておいてほしい。

この世には二つの対話方式がある。

一つは、「心の文脈をたどる」もの。語り手は、来し方の心のものがたりを語り尽くしたいのである。たとえばこんな感じ。「3ヶ月前、私があの人にこう言ったら、こう言われ、そのときから不安だったの。そうしたら、案の定こんなことがあって、あんなこともあって、私は悲しかった。なのにこんなこと言われて、私は悔しくて」。

この人が語りたいのは、「不安→悲しい→悔しい」という文脈なのである。事実はその前振りに過ぎない。このため事実の文脈は錯綜する。自分の側からしか語らないので、客観的公平性はない（本人も承知の上である。ここにおいて、それは意図的に休ませているのだ）。しかもちょっと盛る。また、余計な話が入ったりする。「悲しいって言えば、前にもあったのよ。それに山田さんだけじゃないの。高橋さんだって」などのように、話があさっての方向にいくこともある。

しかし実は、話は逸れていないのである。「不安→悲しい→悔しい」という文脈から言えば、けっして。

心を語り尽くしたい人がほしいのは、共感とねぎらいだ。「きみの気持ちはよくわかる。3ヶ月間、ほんっとたいへんだったんだね」という。

もう一つは、「事実の文脈に固執する」もの。語り手は、事実を客観的に明らかにして、合理的かつ迅速な問題解決を試みようとする。ここにおいて、感情に関わる発言は、ことごとく排除したい。この手法を取る人の理想のゴールは、素早い問題解決だ。「ここに問題があるね。きみもここは直したほうがいい」などと、できるだけ素早く言ってやりたいのだ。

実はこれら二つの対話方式は、脳の神経回路の電気信号特性が生み出す二つの思考スタイルに根差している。そして誰の脳の中にもこの二つが用意されている。おちついてさえいれば、大人はどちらの会話にも対応できる。

## 最も深い男女のミゾ

しかし、一つだけ問題がある。

情がからむとっさの会話において、女性脳の持ち主は、とっさに「心の文脈」方式を選び、男性脳の持ち主は「事実の文脈」方式を選ぶのである。

事実文脈の人が、心文脈の人の話を聞くと、「前段にしか過ぎない」事実のほうに食らいつく。「あの人にこう言ったらこう言われて」に、「きみも口の利き方が悪いよ」と釘を刺したり、「それってどういうこと?」と疑問をさしはさんだり。

心文脈の人が伝えたいのは「不安だった」のほうなので、ここに絡まれると、泥沼に足を取られたような感じがする。話の腰を折られた感じがして、モチベーションが一気に下がってしまうのだ。「そういうことじゃなくて」とか「でも」「だって」を繰り返すことになり、心底情けなくなってくる。あげく「話を聞いてくれない」「わかってくれない」と絶望することになる。

## 定年夫婦は会話ですれ違ってはいけない

一見、事実の対話のほうが正しいような気がするが、これは解決は素早いものの、多くの場合、通り一遍の回答しか出てこない。心の会話は時間がかかるが、そこから多くの展開を生み出す可能性が高い。事実の後ろにある真実を見抜くことがあるのだ。

どちらがいいとか、悪いとかじゃない。どちらも必要なのである。男女は対話においても、人生に必要な感性を真っ二つに分けて、持ち合っているのである。

しかし対話方式が違う二人の会話は、徹底してすれ違う。心文脈の人は、事実文脈の人を冷たくて朴念仁《ぼくねんじん》だと思い込むし、事実文脈の人は心文脈の人を、我が強くて頭が悪い、と思い込む。対話方式のすれ違いは、絶望的なミゾを生むのだ。最も深い男女のミゾと言ってもいいくらいに。

会話に絶望しても、熱いキスをして体を寄せ合えば、なんとなくミゾが埋まった気がするのが男女の仲だが、結婚30年超えの定年夫婦でこの手が使えるカップルは希少だろう。定年夫婦は、会話ですれ違ってはいけないのである。

夫である人は、妻が何かを語り始めたら、彼女が今、心の文脈（共感とねぎらい）を欲しているのか、事実の文脈（合理的な正解）をほしがっているのか判断してほしい。わからなかったら、心の文脈だと思えばいい。妻の会話は十中八九それだし、もしも合理的な正解をほしがっていたとしても、その前段の共感とねぎらいに、女はけっして嫌な気分にはならないからだ。

## 男たちの帰還

妻である人は、夫はそもそも「心の文脈」を忘れて生きてきたことを理解してあげてほしい。男たちも、かつて幼い日には、母とそうして語り合っていた。しかし、男性ホルモンの分泌量が増える思春期に、男たちは、いったん心の文脈を閉じるのである。荒野に果敢に出ていくために。冒険者になるために。

定年で家に帰ってくる男は、男性ホルモンの分泌量が控えめになって、もう一度、少年の気持ちを取り戻そうとしている。かつて母と語り合ったように、妻と語り合いたいのである。

そんな彼に「心の文脈」の紡ぎ方の見本を見せてあげよう。夫の話に共感し、ねぎらいをあげよう。たとえ彼がそれをしてくれなくても。ひととき母になってあげればいい。

幼い息子が一生懸命、慣れないお手伝いをしてくれた日のように、その手を取って、優しいねぎらいを。この世に「心の文脈」があることを、彼はきっと思い出す。

かつて母のもとから旅立った男は、妻のもとへ還る。

一人の男の還る場所になること。それこそが妻としての最後の使命なのかもしれない。女の役割は大きくて長い。まだまだ元気でいなくてはいけない。

第2章

# 定年夫婦のための準備

## なにごとも準備が大事

この章では、夫には妻を、妻には夫を学んでもらい、定年後の生活にむけ準備してもらおうと思う。

この相手と、これから40年も、日がな一緒にいるのである。互いの達人になってしまう以外に、心の安寧を得る道はない。定年退職の前に、互いが互いの専門家になるための、「妻のための夫学」「夫のための妻学」である。

本来なら、この世にすでにそういう学問があってしかるべきだった。『ねこのきもち』や『いぬのきもち』みたいに、『妻の気持ち』や『夫の気持ち』という雑誌があったっていい。バウリンガルやニャウリンガルがあるのなら、夫リンガル（夫語翻訳機）や、妻リンガル（妻語翻訳機）があったってよかろうに。

猫や犬とは、ことばが通じないから、愛犬家・愛猫家たちは、なんとかしようと試みる。一方、人は、一見自由にことばを交わせていると錯覚する。しかし実際には、妻と夫は、飼い主と犬ほどもことばが通じていない。もしも妻や夫とことばが通じていないとわかったら、なんとかしようと試みるのだろうに。

紳士そして淑女の皆さま、心してとりかかられよ。

定年夫婦の準備【その1】

## 夫は共感力を身につけ、妻は夫の「ぼうっと」を許そう

### 夫はなにより共感力を身につけよ

定年して家に入るにあたって、夫に「絶対に」マスターしてもらわなくてはならないことがある。それは会話のたびに「共感」というクラッチペダルを踏むことだ。

マニュアル車は、加速するときも減速するときも、クラッチペダルを踏む。そうしないと動力が駆動部にうまくつながらず、車がスムーズに動かないからだ。

女性の会話はそれに似ている。否定するときも肯定するときも、女性脳はまず共感をほしがる。

たとえば「なんだか腰が痛くて」には、まずは心配そうに「腰か、それは辛いなぁ」と応えてほしい。問題解決してあげたかったら「片付け物は俺がするから、座ってて」と、家事手伝いを申し出るのが一番いい。「温めてみる？」なんていうのも親身な感じがして◎。

「医者に行ったのか」「早く医者に行け」は、最悪のNGワードである。

共感クラッチを使うコツは、「痛い」「ひどい」「怖い」などのネガティブ語を反復することだ。「痛いのか。そりゃ、つらいなぁ」「そりゃ、ひどいよね」「怖かったろう」というふうに。「痛いなら医者に行け」だの「きみにも非がある」だの「嫌ならやらなきゃいい」だの、そんなことばは一切いらない。問題解決は一生しなくていい。なぜなら女性は問題解決の方法など、すでに心得ているからだ。

## 女性脳は水や空気のように「共感」を必要としている

女性脳は共感してもらうとストレス信号がみるみる減衰するという特性を持っている。今日一日ストレスが重なって、背中がこわばって、ちょっと腰が痛くなってきた……なんていう事態なら、深い共感だけでふっと楽になるくらいだ。

女性が、共感によってストレス信号を軽減するのには理由がある。

哺乳類のメスである女性たちは、太古、群れの中で守られている必要があった。群れの中にいれば、体調不良でおっぱいが出なくなっても、もらい乳ができる。また、ヒトの子は、他の動物のように、生まれてすぐ立てるわけじゃない。無防備な期間が長く続くので、群れの中で守られていないと危険なのだ。

つまり、「女性同士の密なコミュニケーションの中で、うまくやれる女性」だけが、確実に子を育て上げてきたのである。その進化の果てにある21世紀の女性脳には、共感力が高く備わっている。


密なコミュニケーションの中で、「共感」されることほど強いことはない。周囲が存在を肯定し、状況を正しく把握してくれることは、その群れの中で自分が守られ、優遇されることが決まったようなものだからだ。

だから女性たちは、切ないほどに共感を求め、相手にも共感を差し出すのである。

女性たちの会話をよく観察してみてほしい。「わかる、わかる、わかるわぁ」と連発し合っているでしょう?

優秀な女性脳ほど、共感してもらうことで、自己の存在価値を測っている。特に専業主婦の場合は、子どもが巣立ってしまったら、夫の共感が自分の存在価値のすべてになる。その夫が共感してくれないとなったら、自己価値を見出せず、生きる意味を見失ってしまう。絶望して頭痛、不眠、動悸、涙が止まらないなどの症状が出てもおかしくはない。

夫の皆さま、どうか腹におとしてほしい。妻はあなたの「共感」を、空気や水のように欲しているのである。それを与えてあげてください。

## 妻を否定する必要など、本当にあるのだろうか

妻に間違っていると告げるときは、「気持ちはわかる」「よくやったと思う」など共感やねぎらいを口にしてからだ。「気持ちはよくわかるよ。悪いのはそりゃ、あの人だよ。でもきみも、ここをこうすればよかったんじゃないかな」というように。

しかし定年夫婦の間で、妻を否定しなければいけないことなんて、そんなにあるのだろうか。客観的に見て、妻が間違っているとしたって、それをわざわざ夫が伝えるメリットなんてあるのだろうか？

社会的に問題のある行動なら、必ず社会が成敗してくれる。なにも夫が、率先して成敗する必要はない。

そりゃ、自分に壊滅的な被害が及ぶこと、たとえば大事な盆栽に勝手に水をかけられたら、それは「お願い。それはやめて」とお願いしなくてはならない。しかし、世間が相手なら、「きみに非がある」なんて、わざわざ夫が居丈高に言わなくてもいいのではないか。

男は正義の味方である。自分が悪いとわかれば腹だって切る。自分だって成敗する生き物だ。その切ないまでの正義脳に、「妻が悪くても、黙っていなさい」と言うのは、あまりに酷なのはわかっている。それでも夫である人には伝えたい。妻を否定するのは、最小限にとどめたほうがいい。

## 夫の役割はショックを和らげること

ある優秀な生産管理の専門家が、妻に逆上された話をしてくれた。

妻がやかんに水を入れながら、あれこれ別の用事をするのだけど、水を全開にしておくので、あふれてしまっていた。そこで「あれこれするのなら、その時間を目論んで、水を細めに出しておけばいいのに」とアドバイスしたら、妻が逆ギレしたというのだ。

クリティカルパス（最も時間がかかる作業）を見極めて、生産ラインの流量を決めるのは生産管理の基本で、なかなかいいアドバイスであるのだが、妻のキレ方はひどかった。

この話、妻である人たちの多くは「それはひどい。黙って水を止めればいいだけでしょ」と憤慨する。一方、理系の職場に長くいる私自身は、「あーなるほど」と感心して、それからその方式を取っている。我が家では、水が盛大にあふれ出ることはない。ありがたいアドバイスだった。

それでもそのセリフが、水をあふれさせてショックを受けている瞬間に、夫から出たものだったら、絶対に許さない。一生、水は全開にしてやる、と決心したかもしれない。

だって夫の役割は、その瞬間の妻のショックを和らげることだから。言うべきは「僕が気づいて、止めてあげればよかった」しかない。

私は我が家のお嫁ちゃんが何か失敗したら、「私も気づいてあげればよかった」「私がしてあげればよかった」と口にする。本当に心からそう思うから。若い彼女が夫の実家で、どんなに頑張っているか……そう思うと、失敗したショックの大きさが手に取るようにわかるからだ。実際に、本当によくできたお嫁ちゃんで、我が家は彼女なしには回らない。だからこそ、たまの失敗のショックが大きいはずなのだ。

手練れの専業主婦も、たまの失敗のショックは大きい。なのに夫は、ここぞとばかりに正義を振りかざす（ように見える）。これでは、夫婦が仲良くいられるわけがない。

## 女性脳は「ちょっと無責任」なマルチタスク

さて、やかんの話。

男女の脳は、タスク制御の方式が違う。女性脳は、ちょっと無責任なマルチタスク、男性脳は、精密なシングルタスクなのである。

やかんに水を入れ出した瞬間、妻は「その先の、あれやこれや」をすべて見通しているわけじゃない。入れているうちに、「この間にあれをやっちゃおう」「ついでにこれも」という感じで動き出す。そうしてつい、水のことを忘れることが、何十回に1回くらいある。家事は果てしない多重タスクである。女性脳の「あ、そうだあれも」「お、そうだ、これも」方式の脳だけが、比較的ストレスが少なく家事をこなす唯一の方式なのだ。

臨機応変な多重タスクだが、クリティカルパスを見ていないので、たまには水があふれてしまう。家族の出発時間が、ずるずる遅れてしまったりもする。しかし、ここを完璧にしようとすると、多重タスク力は著しく減衰してしまい、家事は片づかない。

したがって、たまの失敗は想定内イベントで、これをゼロにしようとすると、かえって全体のリスクが上がるのである。

一方の男性は精密なシングルタスク。何かの作業を任せると、集中して熟達し、さらに精緻な合理化を図るのだが、この脳では、家事はなかなか重いものになる。

少し無責任なマルチタスクで、明るく家事全般を回してもらっているのに、たまに重箱の隅をつつくように、シングルタスクの正義を押しつける。「その失敗」だけに注視したら、精密なシングルタスクに軍配が上がるに決まっている。それは、卑怯というものではないか。

脳の制御方式が違えば、アプローチの仕方も、始末の仕方も違う。男女はこれが違うので、「日々の細かいことにおいて、互いのやり方に口出しをしない」と決めたほうがいい。夫は、妻の「やかんの水のあふれ出し」や「冷蔵庫の賞味期限切れの食品」をわざわざ注意しない。そっと後始末をしてください。

妻が、夫の何に目をつぶるかは、後で述べる。

## 謝るときも共感から

夫が妻に謝るときも、相手の気持ちをことばにするのが先だ。

「あなたって、どうしてそうなの?」と言われたら「嫌な思いをさせたね、ごめんね」

「どうして○○してくれないの?」には「気がつかなくてごめん」

「早く帰るって言ったよね?」には「心細い思いをさせてごめんね」

こう言われれば、妻は、添えられたことばに共感とねぎらいを感じ、ストレスを減衰させる。口では「はぁ？」「口ばっかり」と毒づいていても、潜在意識の領域では、ストレス信号が減衰して、機嫌を直し始めている。

## 共感は態度でも示そう

買い物袋を両手に下げた妻が玄関のドアを開けた。夫は、リビングに寝そべっている。そんなとき、あなたが夫なら駆け寄って、荷物を持ってあげてますか？

あるニュースショーで、この話をしたら、コメンテーターの50代男性が、「はぁ？　偽善だよ、それ。家までの500mを妻は荷物を持って歩いてきたんだぜ。今さら台所までの3mを運ぶなんて、必要ないだろ」とあきれ返った顔をした。

バカ言っちゃいけない。女はこの3mで絶望するのである。

500mは何も思っていなくても、最後の3mで「500mを何とか歩いてきた自分に、何のねぎらいもない夫」に絶望し、こんな夫のために重い荷物を抱えて500m歩いてきたことが情けなくなり、500mがネガティブな記憶に変わるのである。これが度重なると、「家族に人生を捧げてきた」という恨みがましいことばになって結晶化する。

夫が飛んできて、荷物を持ってくれ、「重かったろう。おつかれさま」なんて言ってくれたら、５００ｍは喜びに変わる。これが度重なれば「家族がいてくれたから、私の人生は輝いた」という気持ちになって結晶化する。

オセロゲームの終盤に、黒い石がパタパタと白に変わる。そんな感じ。

ちなみに、くだんの男性コメンテーターは、「うちの女房はよくできた女で、絶対にそんなことはない」と言い切った。私は「夫婦は千差万別。今夜、奥さまが、あなたの言う通りよ、と言うのなら、なによりです」と答えた。

翌日、その方から丁寧なメールをいただいた。そこには「家に帰ったら、妻に、黒川さんの言う通りと叱られました。これからはご指導の通りにして、夫婦円満を目指します」と書かれてあった。

改心してくれたことよりも、あんなに私に攻撃的だったのに、妻のひとことでしゅんとしてしまう彼の妻への愛に、私は胸を打たれた。

## 夫の性善説を信じる

先日、ある雑誌で「夫源病」という病名を作った、石蔵文信医師と対談をさせていただいた。

石蔵医師は自らの反省も含めて、夫源病は夫が悪いと言い切る。企業戦士の夫たちは、威張っていて、思いやりがなく、命令口調でしゃべり、妻が何かしようとしても「そんなことして何になる」と言って取り合わない。

一方、妻たちは、家族のために人生を捧げたあげく、延々と続く家事労働にねぎらいももらえず、存在価値を貶《おとし》められ、わずかな自由も封じられて病気になっていく。夫の帰宅時間になると動悸がしたり、めまいがして具合が悪くなるのだという。

こうなると、夫が心を入れ替えないと、妻を救うことはできない。夫が心を入れ替えないのであれば、妻は危ない。離婚も視野に入れるべきだとおっしゃっていた。それくらい夫源病は深刻なのだと。

私には、石蔵先生を否定する気はこれっぽっちもない。

先生がご覧になっている現実は、たしかにその通りなのだと信じる。現に「夫源病」ということばは、世間の共感を呼び、上沼恵美子さんの別居カミングアウトをきっかけに、ムーブメントにさえなっているのだし。

しかし私はそれでも、あえて世の夫たちの「性善説」を信じたい。

男性脳の愚直な誠意は、たしかに妻にとって腹立たしく「勘弁してほしい」類のものだが、男性脳には悪意も怠慢もない。ただただ誠実で、その誠実さの方向が、妻の思いと真逆なだけなのだ。「妻の不幸はあなたのせい」と糾弾されるのは、あまりにかわいそうだ。

私の知る男性たちは皆、妻と仲良くしたいと願っている。妻に幸せであってほしいと願っている。しかし、女性脳の喜ばせ方を知らなすぎる。女が共感とねぎらいを、どんなに欲している生き物か、まったく知らないのである。

夫は自分が、妻の喜ばせ方を知らないことを知ろう。そして、正しい喜ばせ方で接しよう。妻は夫が、嫌がらせで「いつものそれ」をしているのではないと理解しよう。そして、不機嫌な顔で顔を背けたり、毒づくのをやめる。それだけで、夫婦仲は劇的によくなる。本当である。

## 妻は夫の「ぼうっと」を許そう

さて、今度は妻の番である。

男性は暮らしのそこここで、ぼうっとしている。このぼうっとには意味がある。空間認識の領域を最大限に活性化して、精査しているのである。平たく言えば、ぼうっとしている間に、戦略力・俯瞰力・構造認識力などの能力をアップしている。これは閃きを引き出す準備運動と言ってもいい。

したがって男性脳を、いつまでもボケさせずにうまく使うには、「ぼうっと時間」を許してあげなければならない。

たとえば、休日の午前中、パジャマを着たまま、リビングでぼうっとしている夫。共働きの妻がせっせとたまった家事をこなしていく足元で、ごろごろしている姿に、どれだけ腹が立つかわからない。疲れているなら寝てりゃあいいのに、起きてきたにもかかわらず、私の修羅場を手伝わずにのうのうとしていられる意味が分からん。ボーと生きてんじゃねーよっ（チコちゃん風）……ってな、感じ？

しかしあれは、男性脳の必要不可欠。しなびた白菜みたいにだらけている夫の脳の中では、激しく電気信号が行き交っている。

ちなみに、幼い男の子のぼうっと時間は、のちの理系力の基礎になる。小脳発達臨界の8歳までに、どれだけぼうっとさせたかで、のちの理系の能力が決まる。ぼんやりしがちな男の子は、ぼうっとさせてやらなきゃいけないのだ（この情報は、孫育てにお役立てください)。

## 妻が身につけるべき3秒ルール

さて、ぼうっとしている男性脳の脳の写真を見て私は驚いた。右脳と左脳の連携信号を潔く断ってしまっているのである。ここが働かないと音声認識が叶わない。

つまり、暮らしのそこここで、男性たちは、音声認識のエンジンを切っている。だからいきなり全開で話しかけられても、聞き取れないのだ。「あなた、あの件、どうなったの?」「あなた、それそれ、それ取って」も、すべて「ほぇほぇほぇほぇ、ほぇっほぇ」と聞こえている。

なので、「はぁ?」と聞き返してくる。この「はぁ?」が、女には腹が立つ。

私たち女性は、起きてから眠るまで、音声認識のエンジンを切ることはほとんどない。いきなり話しかけられても、言われたことの意味くらいはわかる。だから、この夫の「はぁ?」が「なんで、俺が?」に聞こえるのである。まさか、「聞き取れませんでしたけど、何か?」だなんて、思いもよらない。

このムカつきはまったくの濡れ衣だ。幻想に腹を立てているだけ。日々の暮らしから、この無駄なムカつきをなくそう。

夫に話しかけるときは（息子や孫も同じ）、彼の視界に入るようにして声をかける。そして、声をかけてから3秒待つ。「あなた、（1）（2）（3）、○○のことだけど」という感じ。

3秒あれば、男性も音声認識のスイッチが入れられる。夫の「はぁ？」や、いぶかしげな顔を見ないだけでも、暮らしはかなり楽になる。

## 結論から言う、数字を言う

男性脳は、ゴール指向問題解決型。

対話の最初にゴールが見えなければ、読解力が著しく下がってしまう。結論が出ていることなら、結論から知りたい。結論を出すための会話なら、先にテーマを知らせてほしい。法事の相談ならこんな感じ。「あなた、お母さまの七回忌について話があるの。ポイントは3つ、いつやるか、どこでやるか、誰を呼ぶか」。

テーマを述べ、ポイントの数をあらかじめ伝えると男性脳は俄然スムーズに動き出す。

しかし、女性脳が頭に浮かんだ通りにしゃべると、こんな感じになる。「お父さまの三回忌のとき、あのおばさんさぁ」「そういえば、あの料亭の茶わん蒸しだけど」なんて、過去の法事関連の愚痴から入ることになる。

実は、男性脳はゴールのわからない話への耐性が驚くほど低く、話はほとんど聞き取れないし、脳の信号がみるみる弱って、免疫力さえ下がってしまう。

だらだらと愚痴を聞かせるのは、青菜に塩。その上、大事なことのほとんどは「ほぇほぇほぇ」なので言った甲斐がない。愚痴は、女同士ですませておいたほうがいい。

## 男の思いやりを誤解しない

女性は、「気持ち語り」に共感することを思いやりと呼ぶ。このため夫たちの「気持ち語りについてこれない所業」を思いやりの欠如と感じてしまう。でもこれも濡れ衣。

男性脳の思いやりは、「素早く問題解決してやる」ことにある。女同士の付き合いで起こった嫌なことを訴えていたら、共感してくれもせずに「気にしなきゃいいじゃないか」「嫌ならつき合うのをやめればいい」なんて、女性脳にはできるわけもないことをつきつけてくる。でもあれ、なんと思いやりなのである。

うちの夫も、私の「こんなのひどくない？　どう思う？」に、必ず「やめればいいじゃん」とか「きみにも非があるよな」とか言い返してくる。わかっているのについ言って、ムカつく自分に笑ってしまうことも（黒川伊保子のくせに、と自己突っ込み）。

今日から女性は、まずは夫に3秒ルールで話しかけよう。その結果、「やめればいいじゃん」とか「おまえも悪いよな」と言われたら、笑ってしまおう。黒川伊保子だって、それでやられていることを思い出して。

定年夫婦の準備【その2】

# 夫婦の「定番」を作り直そう

## 定年のタイミングで定番を変える

夫は「妻は家にいるもの」と思い込みすぎている。

男性脳は、定番の壊れに対するショックが大きいので、「家にいるはずの妻」がいないとショックを受ける。このため外出の準備をする妻に、「どこに行くんだ」「何をするんだ?」「何時に帰る?」「夕飯は?」と矢継ぎ早に質問してくる。

これは別に外出を責めているのではない。妻の(夫から見たら)急な外出におろおろしているのだ。

しかし言われた妻は、外出を責められているような気がして気が滅入る。これが嫌で、土日は出かけられないという専業主婦の友人も多い。

毎日家にいてこれをされたら、妻はたまったものじゃない。平日フリーの専業主婦にとって、夫の定年は世にも恐ろしいことになってしまう。

とはいえ、共働き妻も油断できない。共働き率は年々増加傾向にあり、現在約6割の夫婦が共働きをしている（総務省統計局「労働力調査」より）。しかし、家事労働時間についてみると、末子が15歳以上の夫婦の場合、女性が家事に費やす時間は一日4時間45分なのに対して、男性は41分（総務省統計局「平成28年社会生活基本調査　生活時間に関する結果」より）。つまり、専業主婦だけでなく、仕事を持つ妻の多くも、夫が帰宅するころには家にいて、家事をしているという計算になる。たいていの夫からすれば、やっぱり「妻は家にいる」ものなのだ。

## 最初が肝心

定年退職して、夫が家にいるようになる前に、この「定番」を変えておく必要がある。

妻はときに出掛けるもの。それを夫の「潜在意識」に妻はしっかり叩き込むことだ。出かける妻が出かけるのなら、定番の壊れにはならない。夫も「ショックのあまりの、妻を脅す質問」をしなくてすむ。

しかし「定番」を変えるその前に、夫が「妻の居場所を常に把握したい」のは、男性脳の安寧のための反射的な行為であって、「妻が家にいないと不便で腹立たしい」からじゃないことをわかってほしい。

## 男性脳には「原点」が必要だ

男性脳は、生まれつき空間認知能力が高い。

奥行きを正確に測ることが得意で、遠くの動くものに瞬時に照準が合う。第1章に書いたように、３mの外側の何㎞も先までが、すべて男性脳の守備範囲である。

遠くをちらちらかいつまんで見て、距離感を測るために、男性脳は「原点」を決めている。身近にある大切なものを「原点」にして距離を測るのだ。

息子の子育て中、公園で小さな男の子が、ママから離れて独り立ちする風景を何度も見たことがある。幼い男の子は必ず、ふり返りふり返り、母親の位置を確認しながら「冒険」へ出ていく。

一方、女の子は、目に入ったお花やブランコにすぐ気を取られる。「距離感を測る」という仕事をそんなにしないので、「気になるもの」「美しいもの」「楽しそうなもの」に一気に集中できる。

したがって、男の子を持つ母親は、勝手に動いてはいけない。ふいに動かれると男の子はおびえて、母親から離れられなくなる。結果、「内気で神経質」の道を行くことになる。母親は平常心で、そこにいること。ただ、そこにいることだ。

長じて、活動範囲が広がっても同じだ。母親が安定した情緒で「いってらっしゃい」と送り出し「おかえりなさい」と迎える家を持つ男子は、安心して好奇心と集中力を伸ばせる。家が意識の原点なのだ。

今どきなら、働く母とLINEでつながっている、という原点もあるだろう。物理的な原点でなくてもいい。「いつでも連絡が取れる」「いつでも同じ情緒で応えてくれる」という概念でもいい。

## 夫にとっては妻が「原点」

我が家では、私がいつでも「いってらっしゃい」「おかえりなさい」が言えるわけじゃないので、我が家の男性陣には、綿密にスケジュールを知らせてある。「どこにいて何をしているか」を事細かに知らせてあるのだ。

彼らの「原点」は、ときどき動く。この不安定感をカバーするために、我が家は猫を飼っている。男たちは、「猫がひがな一日、日向ぼっこをしている家」を原点にして、冒険を続けているのである。

息子が高校生だったある日、彼がたまさか早朝から家を出た。バイクの遠乗りに出かけたのである。私はその日、札幌で講演があったのだが、彼に言い忘れた。彼を送り出した後、札幌に飛んで講演して、午後3時ごろ空港からメールを出した。「今、千歳空港で、海鮮丼ゲット(^▽^)お楽しみに」。

そうしたら息子に、めちゃくちゃ叱られたのだ。「平野を走るおいらを勝手に飛び越して、どこかに行くのやめてくれる？　母とニャアがいる家を思いながら、距離感を測っているのに、そんなことされたから、道がわからなくなってずいぶんと迷った」。

あぁ、男子は、公園の外に飛び出してもなお、母親を原点にするのだなぁと深い感慨を覚えた。要は札幌に行くことを報告しておけばよかったのだ。それを言っておけば、彼の意識の中で私は可動式意識点になり、基本は猫を基軸に、動いた母を少しだけ思う、という制御方式に変えられたはずだ。

それ以降、受験のときやバイクで遠出をするときは、物理的にも家にいてあげるようにした。彼の脳が安定して、最大限に活動できるように。

今は息子は、彼の妻を原点にして生きている。妻を束縛する気は一切ないのだが、いる場所だけはしつこく確認する。息子はバイク乗りにして、週末は狩猟をするので、「脳の意識の原点」がとても重要なのだろう。

息子の原点は卒業したが、夫の原点であることは残っている。この3月定年退職する夫は、職場という第二の原点を失う。夫の原点でいること。それはこれからの、私の重要な役割だ。

## ホワイトボードを買おう

かといって、外出を控えるつもりは毛頭ない。

今まで以上に報告を密にする。これが対処法である。

私は、月末までに翌月の予定をカレンダーに書き込み、週末に翌週の概況を伝える。そして毎晩、明日の予定を伝え、毎朝、今日の予定を伝える。

これだけしつこく伝えておくと、時間になってお化粧を始めても、夫はビビらない。

私は、定年退職して夫が家に入るようになった夫婦に、壁掛け型のホワイトボードの導入をお勧めしている。互いの行き先を書きつけたり、してほしいことを書き込むためである。

揃いの手帳を持つのもいい。あるいは、夫婦のスケジュールが一目でわかるタイプの壁掛けカレンダーを代用してもいい。ＩＴ化が進んでいる夫婦の間では、グーグルカレンダーを共有するのでもいい。

要はそこを見たら、妻の居場所を確認できる象徴があることが大事なのである。そのブツの存在が、妻の代わりに「意識の原点」を務めてくれる。そうすれば夫の潜在意識がかなり安寧になる。お出かけ妻になるためには、これくらいの工夫は欠かせない。

## やるべきことは以下の通り

定年が見えたら、月初め（もしくは前月末に）はぜひ、カレンダーを見ながら「互いの今月のスケジュール」についてミーティングを行い、概況をざっくり報告してみてほしい。その際に妻は「この週の水曜日は遅番、この週の土曜日はママ友と飲み会だから夕飯がないけど、あなた頑張ってね」みたいな予定も含めて、カレンダーに書き込んで報告。

週の初めはその週の概況説明。ホワイトボードには、毎晩明日の概況を書き込み説明。収集ゴミの種類（可燃ゴミ、不燃ゴミ、リサイクルゴミ）などもメモする。伝えていたスケジュールに変更があったらその都度、メールなどで報告。

面倒くさいようだが、聞かれる前に布石を打っておくと、その後が本当に楽になる。我が家は夕飯を作れない日、一緒に食べられない日に×をつけているが、その日は夫はどこで何を食べるのも自由。自分で作るもよし、駅前の小料理屋や居酒屋を開拓するもよし、ラーメンですませるのもあり。妻も夫が何を食べたかいちいち詮索したり、文句を言わないこともルールにしよう。

## 二人の記念日も書き込もう

ホワイトボードと手帳（カレンダー）を共有することで、もう一ついいことがある。記念日を効果的に迎えられる。

女性脳の情緒は、時間軸に蓄積されていく積分関数のようなもの。男性脳のキーワードが「空間」であるなら、女性脳のキーワードは「時間」。過去時間を振り返るのは、女性脳の反射神経なのだ。

したがって、記念日に対する感情は、男性脳と女性脳ではまったく違う。女性にとってそれは「過去時間を慰撫《いぶ》する日」。過去を思い出す気満々である。

「あ〜、あのときも、あのときも」と芋づる式に思い出を引き出して、感情を増幅する。

一方の男性脳は、記念日は「成果」であり「義務」である。30年という「成果」にしみじみして、以上、終わり。後は「何かしないと、いろいろ言われるんだろうな」の日。

ここで注意が必要なのは、女性脳は、体験記憶に心の動き（感情、情動、気分）の見出しをつけて収納しており、心の動きをトリガー（引き金）にして、何十年分もの関連記憶を一気に引き出す才能があるということだ。

つまり、ネガティブな感情をトリガーにすると、ネガティブな感情と共にある記憶をがんがん引き出すことになる。もちろん、ポジティブな感情をトリガーにすれば、素敵な記憶が引き出されてくる。女が蒸し返しの天才なのには、こんな秘密があったのだ。

## 記念日が運命の分かれ道

だからこそ、「過去を思い出す気満々」の記念日をどう過ごすかは、運命の分かれ道になる。結婚生活なんて、いい思い出でつないだら「この人と一緒になってよかった」と思えるものなのに、ひどい思い出でつないだら、「失敗だった」と思えてしまう。夫である皆さんは、ほんっと気をつけたほうがいい。

カレンダーや手帳を開きながらのミーティングで、二人であらかじめ記念日を確認し合えたら、夫のうっかりも減る。妻も「私が何も言わなければ、この人、記念日忘れているわよね？　ほらやっぱり忘れていた」という意地悪かつ、自虐的なループから解放される。

結婚30年を越えると、夫のアイデアも尽きてくる。妻は「今年はあの店、連れてって」なんて甘えるふりして、「何をすればいいか」を教えてあげよう。

## 妻にとって夫は「思い出アルバム」

妻の楽しみは、予定を決めた日から始まっている。記念日でも、イベントでも、旅行でも。だから早めに始めたほうが満足度が高い。サプライズで高いプレゼントをもらうよりも、「今年の結婚記念日は、○○しようか」の予告をもらったほうが効果的なのだ。

記念日を効果的にする方法ふたつ目は「反復」である。過去の反復は、女性脳の大好物。当日、食事の席では、これまでの思い出を語り合おう。「ああいうこともあった、こういうこともあった」と。

男性脳は思い出すのは得意じゃないので、そんなときはきっかけをあげればいい。「金沢に行ったとき、〇〇食べたよな」みたいな。すると妻は「あー、あのとき、かわいいおばあちゃんがいたわね」のように語り出す。去年と同じネタを使ってもいっこうにかまわない。

思い出の芋づるを山ほど持っていること。これこそ、何十年間も連れ添った夫婦の醍醐味だ。女性の中には、夫を捨てられない理由に、「思い出を捨てられない」を筆頭に挙げる人が多い。子どもが生まれたあの日、子どもが初めて歩いたあの日、それを同じ熱で共有している唯一の人。

アルバム扱いするのは申し訳ないけど、妻にとっての古亭主の役割はまさに「生けるアルバム」。しかし、そのアルバムは開けるたびに内容が違う。「開けるきっかけ」が、いい思いならいい思い出、ひどい思いならひどい思い出で彩られるからだ。

というわけで夫たるもの、超大型アルバムが開かれる記念日には、ゆめゆめ油断召されませんよう。大事なのはプレゼントやイベントの豪華さじゃない。開く思い出アルバムの豊かさなのだ。

語り合うネタが少なかったら、今から作ればいい。なにせ定年夫婦には、時間が山ほどあるのだから。

## 男性脳には「定番」が重要

話を、妻のお出かけ作戦に戻そう。

「原点」と同様に、「定番」も男性脳を安寧にする大事なアイテムである。

半径3m以内にとんと意識がいかない男性脳は、身の回りを定番で固めておかないと危ない。このため無意識のうちに、身の回りを「定番のもの」「定番の事態」で固めておく性質がある。机の上を勝手に片づけられると、しばらく脳が混乱するくらいに、身辺が「いつもと同じ」であることが大切だ。

ちなみに、私の大好きな超天才オートバイレーサー、バレンティーノ・ロッシは、自分のキャビンの中では、ヘルメットの位置、グローブの位置まできっちり決まっていて、その位置が少しずれただけでも混乱するという。混乱すれば、事故に遭う確率が上がる。周りをすべて定番で固めてこそ、時速350㎞で走ることができるのだ。

定番をキープしなければ、危険きわまりない男性脳。夫がロッシほどの天才脳でなかったとしても、基本は同じである。だから男たちは定番を愛する。床屋を変えず、行きつけの飲み屋を変えない。金曜日はカレー、土曜の昼は蕎麦と決めたら、一生それを食べ続けても文句を言わない。

だからこそ、「定番」を利用すれば、妻は楽なのである。「私がいない日の昼はお蕎麦にしたら?」は我が家の定番の一つ。夫は蕎麦のゆで方に精通し、鶏おろし蕎麦や、とろろ蕎麦までレパートリーを広げてきた。今では家族でいるときも、蕎麦にしようかとなったら、自然に夫が台所に立つ。

## 妻はまず「定番の外出先」を作る

よく「主婦としてずっと家を守ってきたけれど、あなたが定年退職した後は、私も○○をします」と宣言をする人がいるけれど、私はそれを勧めない。なんだか言いぶりに棘がある。夫は「原点」と「定番」を一気に壊されそうな感じがして、身構えてしまうだろう。

専業主婦の妻を頼りに生きてきた夫なんて、母親を頼りに生きている小さな男の子と同じだ。脅かさないように、そっとそっと。

もしも妻が外出を増やしたいなら、まずは二人のホウレンソウ（報告・連絡・相談）の体制を整えよう。そうして「原点」の代替が可能になったら、そこではじめて妻が「定番」の外出先を作ることだ。

男性脳は「定番」で安心する。だから、まずは「定番の外出先」で安心させる。なお、働く主婦の方は、ここはあまり気にしないでいいと思う。職場がすでにして「定番の外出先」だからね。

新しい外出先を伝えるときは「これから、○○することになったわ。少し外出が増えるけど、協力してね」と平常心で言えばいい。

## 静かに決心を伝える

残る問題は、どこに出かけるか、である。ながらく家にいる方は、案外本人も「定番の外出」は億劫だったりする。しかしここは、「気ままな外出」への突破口として、ぜひ定番をお作りください。

もちろん自分のしたいことでいいのだが、思いつかなかったら、週2〜3回パートに出てみる、目の不自由な方のための朗読の会など地域ボランティアもいいかもしれない。社会的活動は、「一度やると決めたら、さぼれない」感を夫に伝えるので、「定番の外出先」に適しているのだ。

このとき、気をつけてほしいのは、「していいかしら」なんて尋ねないことだ。そう尋ねられると、妻をトラブルから未然に守ってやりたくて、「そんなことしなくていい」なんて言ってしまうのが夫心である。あるいは家庭のリスクを案じて、「家のことを完璧にやるのならね」なんて念を押してしまう。

妻は静かに決心を伝えること。それが大事。

定年退職してのち、一緒に40年生きていくのである。妻に何らかの生きがいがあるほうが、夫も絶対に楽になる。ここは押し切ってあげたほうが親切だ。

定番の外出に夫が慣れたら、「来週、お友達と美術館ランチに行くわね」「明日、カラオケに誘われちゃった～」が言いやすくなる。「原点」と「定番」がしっかりしていれば、夫はそんなにひどいことは言わない。勇気を出して言ってみて。

妻を夫源病にする夫のセリフは、私から見たら、「原点」と「定番」に危機を感じた夫の悲痛な叫びにも聞こえる。モラハラ気味な夫も、この取扱説明書通りに扱ったら、案外扱いやすい優しい装置かもしれない。

定年夫婦の準備【その3】

## 互いに「個」になる

### 空間分散、タスク分散をする

結婚して30年余り、どの夫婦も必死に生きてきたはずだ。

夫婦は戦友である。

しかし男女脳は、陸軍と空軍ほどにも、生き方が違っているのである。それぞれの守備範囲があり、それぞれの得意技があり、それぞれのやり方がある。

それを今日から、なんでも一緒にやろうなんて、とうてい無理。この世の多くの夫婦が、長年一緒に畑を耕してきた、一緒に小舟に乗ってきたというわけじゃない。ちゃんと互いが「個」であることを確立しないと、すぐに参ってしまう。

同じ時間を過ごすことになった以上、空間を分けなければならない。タスクもキッパリ分けなければならない。

この空間分散、タスク分散が、３つ目の準備課題である。

## お互いの個室を持つ

何十年も働いて定年の日を迎え、やっとのんびりできると思ったら、家では妻に疎んじられる。本当に夫は気の毒である。しかし、何十年も家庭の采配を振るい、夫がいない間、家は自分の天下であった妻からすると、朝から晩まで夫にリビングを占領されたら気が休まらない。

溜まり続ける夫への不満、妻への不満が閾値を超える前に、それぞれの個室を持つことを提案したい。部屋でなくても、廊下やガレージの片隅でも構わない。要は一人だけの空間を作ることが重要だ。

## ぼうっとしないと寿命が縮む男性脳

夫の個室は、妻の心の平安のためにもあったほうがいいのだが、先述した通り、何よりも男性脳にとって、一人でぼうっとできる空間は必要なのである。

女性脳は、右脳（感じる領域）と左脳（ことばの領域）の連携がよく、感じたことがすぐにことばになる。そして、脳にあふれることばを口から出さないとストレスが溜まる。このため妻は、一日の出来事を垂れ流すように喋り続け、「ちゃんと歯を磨いて」「食べるときはよくかんで」「早くお風呂に入って」「ソファで寝ないでベッドに入って」と、朝から晩まであれこれ指図をし続ける。

一方、男性脳は空間認知の領域を優先的に使っているので、ことばを紡ぐのは「得意じゃない場所を発動する」ことになり、かえってストレスになる。

つまり女は喋ることで癒され、男は沈黙で癒される。

前にも述べたが、男性脳は、ぼうっとしている間に、脳を整理して進化している。つまり男性脳にとって「ぼうっと時間」は、いわばマシンのメンテナンス。必要不可欠なのである。

しかし、ことばを垂れ流す妻の傍にいてはそれもしにくい。一方、妻からしたら、自分の話を聞き流し、だらだらとしている夫を見るのが腹立たしい。というわけで、互いに見えない場所にいることが得策なのである。

## 別々に寝る、自分らしく寝る

第1章で述べたように生物多様性の論理にのっとって、夫婦のエアコンの快適温度は一致しない。寝つきが悪い人は、寝つきのいい人の寝息に邪魔される。ならばいっそ、ときには寝室を別にしたほうが、夫婦はそれぞれによく眠れるのではないだろうか。

50代後半に入ってくると、眠りにくくなったと感じる人が増えてくる。夜中に起きるという人もいる。自分らしく眠り、自分らしく起きることが大切だ。

「妻と一緒だと寝つきが悪い」とか「夫と一緒に寝るとなんだか眠りが浅い」など、睡眠の質に悩んでいる場合はもちろん、自分はギリギリまで本を読んでいたいが、妻は真っ暗にしたいなど、入眠儀式が違う場合もそれぞれ別の部屋で寝ることを勧めたい。

とはいえ夫婦だから、やっぱり一緒に寝たいという気持ちもあるだろう。

特別な日や、週末だけを「一緒に寝る日」にしてみてもいいと思う。我が家では、息子やお嫁ちゃんの友人たちが家に泊まるとき、部屋が足りなくて、夫と布団を並べる。修学旅行みたいでワクワクするし、夫は夫でなんだか嬉しそう。何もなくても、ごくごくたま～に、私は夫の部屋に自分の布団を敷く。「え、なんなの？　なんなの？」と夫は、やっぱりはしゃいでくれる。今さら、何があるわけでもないのにね。

たまの添い寝はちょっといい。その「ちょっといい」を演出するために、寝室を分けてもいいのでは。

## 「自分だけの趣味」を一つ、「一緒にできる趣味」を一つ

うちの夫は恋人時代、一緒にテレビを観ていたときに、ふとこう言った。「ぼくたちは、別々の趣味を一つずつ、一緒の趣味を一つ持とう。別々に楽しんだ一日の終わりに、それを語り合える夫婦になりたい」。

それが私たちの間で、初めて語られた結婚のかたちで、実質それがプロポーズになった。彼にそのことばを言わせたのは、そのとき流れていたテレビCMで、それはバイクを楽しむ女性と、渓流釣りを楽しむ男性が、夜ワインを傾けながら、熱心に話し合う姿だった。

趣味のない男は、魅力的じゃない。何かを追求して工夫していくことにこそ、男性脳の真骨頂がある。狩りのために進化した脳を持っているのに、狩り（何かを追求する）をしないなんてもったいない。脳は生きている間中、その能力を使いたいものだし、使うべきなのだ。

定年が見えたら今までやってみたかったことに、挑戦してみたらいい。今日が人生で一番若い日である。残り40年近くもある。今から始めたって、何かの達人に十分なれる。

しかも、60~70代は脳科学上、「旅と習い事の好機」なのである。

脳は56歳で完成し、ここから出力性能最大期に入る。無駄な信号が流れなくなって、「正解が瞬時にわかる」本質の回路にだけ電気信号がいくからだ。


60代、70代は、地球の裏側の初めて行った街に降り立っても、その街の本質がストンと腹におちる。なのでその街の感性をたくさん持って帰れる。ことばではなく直感で、物事の本質に触れるのである（このあたりのことは、『成熟脳』（新潮文庫）という本で詳しく書かせていただいた）。

そう考えてみると、能とか書とか古美術とか、深淵《しんえん》の芸術は、いつの時代も熟年世代が支えている。こういう世界を観てみるのもいい。若いときにはちんぷんかんぷんだった芸術が、成熟脳に語りかけてくるはずだ。

## 同じ趣味では、距離感に気をつけよう

同じ趣味を選ぶ際、せっかく家の中で時間と空間を分けたばかりの定年夫婦が、同じ趣味にどっぷりつかるというのは、避けたほうがいいかもしれない。

私は社交ダンスを40年踊っているけれど、競技会に出るペアは夫婦でないことも多い。たとえば夫がスタンダード（タンゴやワルツなど男女が組んで踊るボールルームダンス）、妻がラテン（ルンバやサンバなどラテンアメリカ由来のリズミカルなダンス）で、それぞれ別の人とペアを組んで、互いに応援し合っているようなケースが意外に長続きする。あるいは、それぞれにプロの先生と踊って発表会に出るけれど、夫婦では組まないとかね。

妻がダンスが好きで、夫がその写真を撮るのが趣味というご夫婦もいる。

テニスコートに一緒に通うけど、第一ペアは別の人、というご夫婦もいる。夫婦それぞれで、いい距離感を見つけたらいいと思う。

夫の長年の趣味に、妻が楽しそうに参加する、というのは、夫たちは好きみたいである。「妻がゴルフについてきてくれるようになった」とか、「僕の大好きなラグビーを一緒に観に行ってくれるようになった」とか「僕は趣味がロードバイクなのだが、妻も一緒に走

るようになって、先日の休みはしまなみ海道を走った」といった話を嬉しそうに話してくれる男性は多い。

妻の長年の趣味に夫が参加するのは、「程度をわきまえてくれれば」妻もやぶさかではない。ぬれ落ち葉のように、いつでもどこでもついてくるのはどうかと思うけど、ポイントポイントで参加してくれると俄然意欲がわく。

パッチワークの会についてくるのは「……」だけど、ハワイアンキルトの展示会に一緒にきてくれたり、妻の作品をうまく写真に撮ってくれたりすると、俄然嬉しい。

我が家の夫は、最近ダンスを始めてくれた。40年選手の私に及ぶべくもないが……と思っていたのに、最近めきめきと腕を上げ、なんとジルバの名手になってしまった。ダンスパーティで、私たちがジルバを踊ると注目の的。ダンスパーティに彼がきてくれないとがっかりする。

しかし、ここまでの道のりは長かった。35年前、私のダンスの教え方が悪くて彼がへそを曲げてから、ダンスは鬼門だった。そこでまずはタキシードをプレゼントし、「あなたはタキシードが似合うわ。なのにこれを着ていくところがないなんて……ダンスパーティにくる?」と勧め、やがて「ダンスパーティで踊れないのはつまらないから、練習してみない?」と、苦節7年。

　しかしそうはいっても、毎回ついてこられると「……」かな。ほどよき距離感はやはり大事だ。

定年夫婦の準備【その4】

# チームになる

個々の生活空間を確立したら、次はどうやって「チーム」になるか、である。

夫が定年退職をするにあたり、家庭のリーダーは妻であることを、妻ははっきりさせる必要がある。そう、指揮官は妻なのである。

## 夫婦二人、チームで生きる

夫である方に。

会社では、できるビジネスマンだったかもしれない。世界のあらゆることに精通していたのだろう。しかし、ここ（家庭）は、半径3m以内の世界。テキはこの世界に生まれた脳で、30年も先んじてベテランになっている。あなたは新人君なのである。

自室で寛《くつろ》ぐときはいいとして、リビングに入ったら、妻のために何をしてあげたらいいのか、というアンテナを立ててください。

妻である方に。

先にも述べたが、自分が指揮官である以上、夫にタスクを任命する責任（彼に合ったタスクを切り出して、わかりやすいように与える）は妻にある。指導責任も妻にある。「なんで、できないの⁉」なんてセリフが出るなんて、指導者が悪い。任命か指導のどちらかに問題があったからだ。そのセリフを言ったら妻の負けである。ここは戦略を練ろう。

## 家は寛ぐところじゃない

家庭は戦場のベースキャンプ。夫婦はタスクフォースのチームである。……くらいに思ったほうが、精神的には楽かもしれない。

主婦にとって家庭は、基本、寛ぐところじゃない。常に神経を尖らせていないと、生活は一向に回らないからだ。主婦が一日中、キリキリしているおかげで、家族は寛いできたのである。

私は正直、仕事に出たときのほうがずっと楽。なんたって、基本シングルタスクだもの。

家にいるほうがずっと追い詰められている。子育て中なんて、「今日は熱があるから、早めに会社に行こう」なんて思っていた。家にいたほうが、身も心も過酷だったからだ。「黒川さん、今日は早いですね」「うん、熱が38度あるから」「ええ〜っ」ってな感じ。

家はたいがいの時間は戦場で、夫の帰宅待ち時間と風呂上がりに、ちょっとだけ寛ぐ場所になる。それが一日家にいる人の感覚だ。

ちなみに共働きの女性なんて、平日の夜も休日も追い詰められている。家が寛ぐ場所だなんて、ここ30年思ったこともない。ま、会社で寛いでるけどね。

## 夫はリベロである

スポーツにたとえると、女性脳にとっての家事は、昔、会社のお昼休みに輪になってやっていたバレーボールのようなものだ。誰かが打ったボールが自分のところにきたら、打ち返すし、少しそれても走っていって打ち返す。こうして「はーい」「はーい」と言いながら、みんなで協力し合ってボール（家事）をおとすことなく（時におちてもあまり気にせず）打ち合うようなものだと思っている。しかし、そのやり方は男性脳には通じない。

定年退職した夫という選手がいる場合は、6対6の試合形式。夫の役割はリベロ。守備専門の選手である。妻はリベロ以外のアタッカーでセッターで、かつ、キャプテンでコーチでもある。妻はリベロである夫に「あなたはとにかく、そこを守ってね」「ここにきたもの（家事）は、全部あなたが拾うのよ」ときちんと指示しなければならない。

## 夫の得意技を決めよう

第1章にも書いたが、夫にとって家庭は（ホームなのに）アウェイである。家庭は男性が苦手な半径3m以内の世界観でできている。しかも、そこで展開される家事は、男性脳が苦手な「ちょっと無責任」なマルチタスクでなければ回らない。

妻は家庭と家事は、男性脳の不得意科目と心得てほしい。

冷蔵庫の残り物で臨機応変におかずを作りつつ、合間にベランダの洗濯物を浴室乾燥機にかけて仕上げ、宅配便に対応し、ついでに玄関の鏡を磨き、消臭剤が切れかけているのに気づいて、脳の中の買い物メモに加える……なんてマルチタスク、私たちベテラン主婦は、考える間もなく、さらさらとやってのける。

これをそのスピードと質で夫にさせたら、夫の脳はストレスでやられてしまうだろう（そもそもできやしないけど）。マルチタスクへのストレスは、女性脳の数倍。となると、家事手伝いは数分の一でよしとしないといけないことになる。数分の一の量で、ストレスが同等なのだ。

逆に、組み立て式の家具が届いて、それを組み立てるとなったら、ストレスを感じる妻は多いのではないだろうか。でも男性脳は、こっちのほうが楽なのだ。精密なシングルタスクを得意とする男性脳は、あらかじめ作業の流れと手順を脳に描いて、その通りに集中して作業を行うのが得意だからだ。

つまり、夫に家事を臨機応変に手伝えと言うのは、妻にとってみたら、毎日家具を組み立てろと言われるようなストレスなのである。しかも結果が気に入らないと、がみがみ言われる。私なら地獄。

## 妻は上官

というわけで、妻は家事リーダー。上官である。

上官である以上、夫の任務は妻が決める。

その際に、夫の才覚に合った任務を探し出し、任務遂行を見守り、達成したことを褒めてやるのも上官の役目である。

シングルタスクの脳には、「単品」をひたすらさせることが好ましい。たとえば、次のような任務がお勧めだ。

・風呂掃除（お風呂のカビ取り対策）
・食器洗い
・洗濯物干し
・ベランダの植物の水やり
・ペットに水と餌をあげる（餌やトイレ砂の管理）
・冷蔵庫の製氷器に水を入れる
・コーヒーを淹れる
・ご飯を炊く（寝る前に炊飯器に米を仕込む）
・肉を焼く
・蕎麦を茹でる、パスタを茹でる
・お好み焼き係、もんじゃ係
・パソコンなどの設定

大事なのは、妻が「これを毎日やってくれたら、本当に助かる」と思う「単品」を厳選すること。やってくれるたびに感謝の気持ちでいっぱいになる。妻ごとに苦になることが違うので、「我が家のとっておきの単品群」をデザインしよう。

面白いことに夫婦はたいていたい感性真逆の二人なので、妻の「嫌な家事」が、夫に適性があることが多い。

年金や医療控除、確定申告など、公的書類のやり取りを担当してもらうのも手。また、電気料金や携帯電話、インターネットをどのように組み合わせたらお得になるかなど、「家計圧縮大作戦」のリーダーを担ってもらうのもいいかもしれない。

## 家事は男の想像の6倍ある

昨日のことである。台所の奥のリサイクルゴミ用ペールに、私がペットボトルを投げ込んだら、コロンと乾いた音がした。見たらゴミ袋がかかっていない。揚げ物の最中に、狭いコーナーに首を突っ込んで縦長のペールの底に転がったペットボトルをなんとか拾い、ゴミ袋をかけて再度捨てた。

私の気持ちをそのまま口にするのなら、「なんで、ゴミ袋をかけておかないのよ！　これをかけるまでが〝ゴミ捨て〟なのに。ゴミを捨てただけじゃ、ゴミ捨てとは言わない‼　厳密に言えば、ペールの汚れを確認して拭いたり、ペールまわりの床も確認するのも〝ゴミ捨て〟だし、ゴミ袋が切れないように管理するのも〝ゴミ捨て〟タスク。それでいえば、分別が簡単にできるように、台所に合った3つのオシャレなゴミペールを探し出し、それを5ブロックに分けて使っているのは、かなり賢いやり方なのよ。ゴミ捨てって、すごく頭を使うのよ。ぼーっと生きてんじゃねえよ！」（ちなみに我が家は、幅広のペールに左右二つの袋をかけて、ペットボトル＆びん、缶＆燃えないゴミとして使っている）。

しかし私は、ことばを飲み込んだ。何も言わないのに、夫が台所のペットボトルをゴミ出ししてくれたなんて奇跡だ。ここで叱ったら、彼は「これからは余計なことしないどこ」って思うだろう。希少な「自発的な家事手伝い」に、そんな思いをさせるのは得策ではない。ここは喜んであげるべきなのでは？

そこで、「パパ、ペットボトル捨ててくれたのね。助かったわ～。でも、袋かけ忘れちゃった？　知らないで捨てちゃって、拾うのたいへんだった～」に留めておいた。夫は

「おうおう、今度はかけとくね」と穏やかに受容。めでたしめでたし。

夫の皆さん、実は家事って、夫の見えているタスクの3倍から6倍あるのである。夫は「全部やってる。完璧」と思っていても、妻がそっとやっていること、あるんです。

妻の皆さん、夫の家事認識度の低さは、その気がないからじゃない。半径3mは手薄にしておいて、離れた動くものを迎撃するための、男性脳の基本機能のせいだ。なので妻は、腹が立っても、そのままの気持ちをぶつけないで、優しく育ててあげてほしい。

夫のほうは、気づけないから手も足も出ない。しかし、「自分がやっていることの6倍の手間を、きっと妻はかけてくれているんだろう」とまるっと呑み込んで、いつも妻に感謝してほしい。毎日「ありがとう」と言ってもいいくらいだ。

### 妻の機嫌を損ねない家

実は妻が機嫌を損ねるのは、洗濯とか、料理とか、買い物とか、そんな「名のある家事」のときじゃない。

夫がひっくり返しに脱いだ靴下を拾って洗濯機に入れるときとか、洗濯機と干場の間を往復するときとか、買い物袋を玄関から台所に運ぶときとか（前述の通り）、ちょっとしたものが見当たらなくて「どこ、どこ」と探すときとか。そんなメインタスクの前後にある「名もなき家事」に追い詰められて、腹が立つのだ。

この「名もなき家事」こそ、夫の見えない部分なのである。

そこで、夫である方たちに提案がある。見える範囲、手の届く範囲で、妻が何かを運んでいたら、手伝ってあげてほしい。ドアを開けようと思っていたら開けてあげて。何かを探していたら、一緒に探そう（女性脳が見逃したものを、男性脳が探し出せる確率は低いのだが、その態度が大事）。

ヨーロッパの紳士たちがするレディファーストは、「女の機嫌が悪くなるタイミング」をよく心得ていると思う。女性脳のポイントを驚くほど稼ぐ方法である。

## 夫は家事動線を見直してみよう

家事動線の悪さも、「名もなき家事」へのイライラに拍車をかける。たとえば洗濯機から干場の距離。1階の脱衣場から、2階のベランダへ。計算してみたら、毎日のように洗濯する家なら、1年間で富士山に匹敵する高さを上っていることになる。その上り下りの間に「なんで私ばっかり」と悲しくなるわけだ。

収納がうまくできない家だと、片づけや探し物で、やっぱり腹が立つ。

家事動線が悪いせいで腹が立つのに、マイナスポイントは、なぜか家じゃなく夫に付与される。

というわけで、家事動線を見直してみる、というのも、夫婦仲をよくするための秘訣の一つ。たとえば脱衣場を乾燥室にして、大容量のクローゼットをそれに隣接させれば、洗濯物を干して取り込むという作業から解放される。外出先で急に雨が降ってきても、悠々としていられる。大容量のクローゼットは衣替えもいらないし、「あれ、どこ?」のイラつきが消滅する。あらあら不思議、妻の機嫌がよくなった、というわけだ。

動線効率最高(動線最小)の家は、体力が衰えてきても、家事が回せる家でもある。老いの備えにも、一度考えてみるべきだ。定年や子どもの結婚を機に住み替える、あるいは家を建て替える、という計画がある方は、「妻の機嫌を損ねない家」という観点を、ぜひ。

そうでなくても、ちょっとしたリフォームや家具の工夫をしてほしい。夫婦で「ここ、こうしてみたら楽なのでは?」「じゃ、いっそこうしてみたら?」なんて、いろいろ工夫してみるのも楽しいかもしれない。

## 指揮官の心得

妻である方には、山本五十六元帥のことばを贈ろう。


やってみせ、言って聞かせて、やらせてみて、褒めてやらねば、人は動かず。

話し合い、耳を傾け、承認し、任せてやらねば、人は育たず。

やっている、姿を感謝で見守って、信頼せねば、人は実らず。


説明が足りず、いちいち「キーッ」となる指揮官のもとでは、いい部下に育たない。

――見てればわかるでしょう、私が何百回もやってきたことだし、仮に見てなくても考えればわかるはず。「今からお鍋出すわよ」と言ったら、鍋敷き・取り皿・おたま・薬味は当たり前！　何も言わずとも揃えてよ。

……と考えるのは、それができる脳だからだ。

空間認知の方式が違う夫の脳は、妻の所作を見逃している。時系列プロセスの想像力がとんと弱い男性脳は、瞬時に「皆がお鍋を食べるシーン」を思い浮かべることができない。やってみせ、言って聞かせて、させてみて、ほめてやらねば、夫はできるようにならない。その途上で感情的になったら、夫の脳に記憶を定着させられない。人を育てるというのは、かくも覚悟と根気がいることなのだ。

「それくらいだったら、自分でやるわ、そのほうがまし」という妻たちの憤りが聞こえてくるようだ。でもね、育てておくに越したことはない。イライラしながら一生暮らすくらいなら、どこかで覚悟を決めたほうが得策だ。なにせ定年後、40年もあるのだから。

急に熱を出して寝込んだとき、「じゃ、僕は、外で食べてくるから」なんてのたまう夫に絶望して夫源病にならないために。

## 「じゃ、僕は、外で食べてくるから」問題

あ、そうそう、このセリフ、何が悪いのかわからない男子のために解説しておくと、妻は「私のごはんは？　わたしのことはどうでもいいの？　心配じゃないの？　愛はどこにいったの？」となるのです、はい。

熱があるときは、食欲もないだろうし、静かに寝せてあげたいから、台所でガタガタせずに、僕は外に食べにいく。帰りにポカリスエットやプリンでも買って帰ってやろう――男子にしてみたら、愛と親切でいっぱいなのに。

私はわかっている。私はわかっているけれど、あなたの妻がわかっているかどうかは保証の限りではない。

## 男性脳の融通の利かなさを楽しむ

男性脳は、精密なシングルタスク脳である。ゴールを見据え、全体の流れや、パーツの組み合わせをしっかりと構想した上で、作業を開始する。このため「突発事象に弱い」傾向にある。

女性脳は全体性に弱い代わりに、「臨機応変」の積み重ねでタスクを完了する。ある意味「淡い突発事象」で暮らしが成り立っているのだ。

料理の最中に、使おうと思ったターメリックがなければ、ちょっとパセリでごまかして、ついでにトマトも入れて、当初の予定のパキスタン風スープじゃなくて、イタリア風になっちゃったけど、「まぁ、これはこれでありだね」みたいなことを毎日やっている。

男性はターメリックがなかった時点で、軽く絶望してしまう。当然経験があれば、じゃあチキンスープ入れちゃおうとなるのだが、世界観の壊れに対するがっかり感は、女子の想像をはるかに超える。もっとも、その「勝手な臨機応変力」がないおかげで、プロはムラのない安定した味を作り出すことができるわけなのだが。

男性脳のこだわりと、融通の利かなさも含めて楽しむ心構えがないと、夫に家事をさせることはできない。もし、そこで妻が感情的になってしまうと、家事への苦手意識が刷り込まれてしまい、得策じゃない。さらに、ときには妻への苦手意識も刷り込まれてしまう。

定年から最初の3年間は、新婚のときと同じぐらい重要な時期。妻も自分が今まで30年かけて熟練してきたものを、いきなり夫に伝えて、うまくできないからと、腹を立てたりしないことが肝心だ。

## 食事の間はケンカをしない

定年をきっかけに、心身の調子を崩す夫と妻。

食欲も意欲もなくし、鬱《うつ》と診断される人も多い。

血液栄養の専門家である私の友人・佐藤智春さんは、「鬱の多くは、栄養不足」と言う。

脳科学的に見ても、やる気や好奇心を引き出す脳内ホルモン（セロトニン・ドーパミン）の材料は、ビタミンB群とアミノ酸。脳の電気信号のエネルギーはブドウ糖、その電気信号を減衰させないためにコレステロールが大量に使われる。脳に酸素を届けるのは鉄だ。

頭がはっきりしていて、情緒が安定し、好奇心があって、やる気が萎えないという状態を保つためには、少なくともこれらの栄養素がいる。

食の摂り方について、私は専門じゃないので、ここでは詳しいことは述べないが、一つだけお伝えしたいことがある。たまごを食べてほしい。たまごは、脳に必要な栄養素をビタミンC以外すべて搭載した「完全脳食」なのである。「一日1個まで」は都市伝説だそう。食べられるときには2個、3個と遠慮せず（佐藤智春著『卵を食べれば全部よくなる』（マガジンハウス）より）。

## 穏やかな気持ちでごはんを食べる

年齢を重ねてくると、消化力が弱ってくる。

食べても吸収できないと、当然栄養素は脳に届かない。

消化力にとって大事なのは、リラックスしてごはんを食べることだ。副交感神経優位で、ということ。緊張の交感神経優位でごはんを食べると、胃液がうまく分泌されず、消化もうまくできなくなる。消化力が衰えてくる世代だからこそ、家庭で穏やかな気持ちでごはんを食べることが何よりも大切なのだ。

食卓で顔を合わせると、このときとばかり、日ごろの不満、小言、愚痴を言ってしまう妻や夫は要注意。「腹を立てながらご飯を食べる」「文句を言われながらご飯を食べる」「慌てて一人でかっこむ」みたいなことをしていると、吸収率が下がって、脳が疲弊していく。

穏やかな気持ちで、ごはんを食べることは、情緒安定（キレにくい）、鬱の抑止、ひいてはアンチエイジングにつながる。

だからご飯を食べている間は、不安や愚痴を垂れ流すことは禁止。喧嘩をしていても休戦。これは定年夫婦の鉄則として守ってほしい。

## 悪妻になってみる

元東北楽天ゴールデンイーグルス名誉監督の野村克也さんは、世間的には悪妻とされていた沙知代さんが亡くなってから「いるとうるさいと思うけど、先にいかれると寂しくて仕方ない」「男は弱い」とその辛さをインタビューで語っていた。

沙知代さんの毒舌は世間をドン引きさせたが、野村監督は、さして気にもせず「女房のわがまま」を楽しんでいた節があった。私の父もよく言っていたが、「こんなわがままな女、俺じゃないともたん」という自負心なのだろう。

エリートと呼ばれる男性たちから「うちの妻は○○○○（超高級レストラン）は口に合わないなんて言う。どこかいいところないですかね」という、愚痴のような質問をよく受けることがある。彼らに共通しているのは、困ったような顔をしつつ、嬉しそうであること。何度か同じようなことがあって、うちの妻は○○○○くらいじゃ喜ばない、手のかかる特別な女であると自慢しているのだと気がついた。

## 夫は妻のわがままに照らされて生きている

男性脳は、基本、責務遂行のために動いている。責務がなくなると、生きる意味を見出せない。わがままな妻がいて、「あれ食べたい」「あそこに連れてって」「もっとかっこよくして（ちゃんとして）」なんて言い、ちょっとやそっとのことじゃ満足してくれないから、男たちは頑張れるのに違いない。始終ガミガミ言うのはいただけないが、ちゃっかりわがままを言うのは、夫の脳のアンチエイジングに役に立つ。

夫のひとことを積年の恨みつらみにして生きるか、「わがままな女だな。俺がいなかったらどうやって生きていくんだ」と大事にされるか。

特に会社、仕事という責務を果たす対象を失ったばかりの男たちは、妻からのお願い事や、妻のわがままに照らされて生きている。妻たちには、ちゃっかり「俺がいないと生きていけない妻」となって、夫たちに生きがいを与え続けてほしいものである。

## 「夫と一緒」「妻と一緒」を楽しむ

人生100年時代に突入し、定年後は老後などではなく、気分としては第二の青春。まだまだ見かけも、気持ちも若く、時間にゆとりもあるとなれば、毎日の生活を思い切り楽しみたいと思うのも無理はない。

これからの人生、自分のやりたいことを思い切りやろうではないかと言っておきながら申し訳ないのだが、定年後の家計も念頭に置いておきたい。お金の話をしてしまうと、未来予想図がたちまちどんよりしてしまうが、激変する家計の管理は、定年夫婦の最重要課題である。

定年後にもらえる年金額はそれぞれの家庭によって大きく異なるが、厚生年金の平均月額は男性で約18万円、女性で約9万円といわれている。二人で27万円あれば食べることには困らないが、決して余裕のある金額ではない。

そこで、趣味三昧や友人たちとの旅行、ランチや飲み会といった楽しみから「夫と一緒、妻と一緒を楽しむ」生活へのシフトチェンジを提案したい。

## 格好いい大人のカップルになる

「夫と一緒」「妻と一緒」を楽しむなら、もちろんデートだって欠かせない。家族の予定も、食事も会話も、子どもを中心に回っていた夫婦は、子どもの自立と共に、会話が激減してしまう。「夫と二人きりで、一体何を話していいのかわからない」という妻は多い。

しかし、心にぽっかり穴が空いてしまうこの時期こそ、夫婦再生のためのチャンス。ぜひ夫が妻を、妻が夫をデートに誘ってみてほしい。場所は、映画でもコンサートでも、食事でもいいのだが、その前段階として、デートに誘い出すきっかけになるのが、デート用の夫のジャケットを買いに行くこと（オーダーメイドができればなおいい）。

夫婦で外食をする際に、妻はお洒落しているのに、夫が何だかくたびれたオヤジファッションではいただけない。だからと言って、サラリーマン時代の背広もダメ。妻と一緒に、ちょっと洒落たレストランやカフェ、コンサートなど、オシャレな場所を楽しめるジャケットを手に入れてほしい。

デートやアウトドアの楽しみ方を『ポパイ』や『BE－PAL』で学んだマニュアル世代だから、カタチから入るのには抵抗が少ないはず。さらに、妻のワンピースと夫のタイの色を合わせる、妻のセーターと夫のポケットチーフの色を合わせる、お揃いの時計をするなど、大人の男女ならではのペアルックも悪くない。

夫婦で立っても、歩いても、レストランで食事をしていても憧れられる「ちょっと素敵な夫婦」を目指してみては。お洒落は夫婦のコミュニケーション。〝二人でのお洒落〟が楽しくなると、一人で出かけるのが寂しくなる。だから、「まずは格好から」を提案したい。

## エスコートで惚れ直させよう

さて、せっかくデートをするなら、夫に心がけてほしいのがエスコート。女性脳は、大切な対象に意識を寄せて、ささやかな変化も見逃さず、意図を察して生きている。だから察して、思いやりを持って行動することを「愛の証」だと信じている。
「察しと思いやり」で夫に愛を伝えているつもりなので、当然夫にも同じことを期待する。しかし残念なことに、男性脳には女性脳が期待するような察して思いやる機能はついていない。これは、経験によって培われるオプション機能なのである。

だから、妻がハイヒールを履いているにもかかわらず、ずんずん一人で先に行ってしまう。車道側を妻に歩かせる。レストランやカフェで、奥のソファ席にさっさと座ってしまうといった「思いやり」をみじんも感じさせない行動を取ってしまうのである。

一緒に出かけると、いつも妻が不機嫌になる。帰宅してから妻に「あなたと出かけると楽しくない」などと言われるのは、大抵こういった無神経な言動が原因だ。妻の感覚としては、夫の行動イコール「私は大切にされていない」「愛されていない」ということになってしまう。

## レディファーストは責務と思おう

そう考えると、欧米社会のレディファーストはやっぱりよくできている。女性が車に乗るときにドアを開ける。階段を下りるときは、さり気なく手を貸す。車道側を歩く。レストランでは奥側に座らせる。コートの脱ぎ着を手伝うなど。いわゆる欧米流のエスコート術だが、これを責務と思ってぜひ実行を。

今までは、運転席で妻が乗り込むのを待っていた夫が、デートのためにお洒落して、妻のためにサッと車のドアを開けてくれたらどうだろう。いつもと違う紳士的な夫にちょっとときめくにちがいない。

このエスコート作戦、夫は「任務、責務」としてやったことでも、妻からは「思いやりのある優しい夫」に見えるし、周りからも「格好いい、いい男」と思われて得である。

夫婦のデートの場合、行き先やレストラン、カフェなどを決めるのは、勝手知ったる妻であることが多いが、たまには夫が案内人になろう。特別な場所である必要はない。たとえば、「僕が今まで食べた中で、一番美味しいと思った蕎麦をきみに食べさせてみたい」でも、「取引先の近くにあった〇〇公園の新緑が綺麗だから」でもいい。

会社帰りにあった馴染みの居酒屋などに妻をつれていって、「久しぶり。これ、うちの奥さん」なんて紹介したら、妻の嬉しさはひとしお。「夫のテリトリーを紹介するデート」、ぜひ実行を。

第3章

# 「夫の禁則」五箇条

## 夫婦がやってはいけない5つのこと

心に浮かんだことばを、素直にそのまま言ってしまって地雷を踏む。良かれと思って言ったことで地雷を踏む。

悪気があれば心を入れ替えれば直せるのだが、そもそも悪気がないから、いっそう厄介なことがある。

というわけで、日ごろ、これだけはやらないでおいてほしいこと、相手の地雷を踏むポイントを、ここからは夫妻別々にまとめてみる。これまでに紹介した妻学夫学の内容とかぶる表現もあるが、後にこの章だけでさっと復習できるようにあえてそうしているので、ご容赦ください。

まずは夫がしてはいけない五箇条から。

夫の禁則

# 一、妻の行き先をいちいち聞かない

先日、ある熟年男性が、妻に「明日、何時に家を出ようか?」と聞くと、「家のことが終わり次第」と言われるのだが、「それはいったい何時なんだ!」と、いつも言いそうになると嘆いていた。言いそうになる、と言っている以上、賢い彼はそれを聞かない。正解である。聞かれたって、妻にもわからない。

男性はゴール指向なので、「明日9時に出発する」と言われれば、そこから逆引きして、朝の段取りを目論み、なんなら寝る時間も計算する。

妻にしてみれば日曜日の買い物に、なにも出発時間を決めなくてもいいと思っている。それよりも晴れれば布団を干したいし、雨なら外出先も変えるかも。臨機応変にいけばいいのである。身支度なんて阿吽の呼吸でやっていけばいい。夫の身支度なんて、10分もかからないのだから。

もちろん妻だって、10時の新幹線に乗るというような時間限定の事態なら、9時には出ましょうね、とか答えている。つまり妻からしたら、夫は「臨機応変でかまわない」ことに対しても、時間や場所を確定したがる脳の持ち主だということだ。

男性脳はゴール指向型なので、時間や場所を確定してからしか何も始められない。私には、その気持ちが痛いほどわかる。私なら「9時を目安に支度するわ。でも洗濯があるから、多少時間がずれても許してね」などと応える。

しかし普通、妻は、「(自分にとっては)どうでもいい時間や場所を事細かに尋ねられること」に機嫌を損ねないでいることは、なかなか難しい。

夫が家にいて、妻がふらりと出かける。

定年退職して家にいれば、そんなシーンもやってくる。

女性脳は、「今日は晴れてて気持ちいいから、出かけてみようか。買わなきゃいけないものもあるし」「今日は雨で美容院が割引になるから行ってこよう」と思い立つことが多い。ただ、その時点でぼんやりイメージはあるものの、行先や行程が確定しているわけじゃない。美容院に行くのは決まっていても、カラーリングをどうするのか、部分パーマをかけるのか、そんな細かいことは行ってみなきゃわからない。

化粧をしながら、ストッキングを履きながら、少しずつイメージが湧いてくる。電車に乗ってもまだ、予定は未定。専業主婦はそういう暮らしを許されてきており、そんな暮らし方だからこそ、思いがけないいい情報に出逢えたり、タイムセールで得したりして生きてきたのである。

そんな女性脳に「どこに行くんだ」「何をするんだ」「何時に帰る?」と聞いてみたって、明確な答えがあるわけじゃない。答えがない質問を向けられるほど脳は腹立たしいことはない。男性脳だってそうだろう。「私のこと好き? どこが好き? 3つ言ってみて」なんて毎日聞かれたら、相当イラっとする。

それに、正直に夫に「わからない」と答えたら、「計画性がない」と毒づかれ、「俺の夕飯はどうなるんだ」とからまれる。もちろん、夕飯の支度の時間までには帰ってくるつもりだけど、その時間を目論んで動いているわけじゃないから、確信を持って返事できるわけじゃない。だから返事をしたくない。あーイライラする。かくして、妻は強いストレスを感じてしまう。

言われるのが嫌で、外出を控えるようになり、自由の翼をもがれた気持ちになる。そのこと自体が「夫が家にいることのストレス」となって、膨れ上がる。

かくして、「どこに行くの？」「何時ごろ帰る？」「俺のメシどうなるんだ？」は、定年退職し、家にいるようになった夫から妻が言われて絶望するセリフのワースト3なのである。

夫たちにしてみれば、いきなりストッキングなんか履き始めて、いそいそと動き出す妻が、何をするつもりなのかを知らなければ、不安でしょうがない。不安だからこそ、言ってしまう切なる質問なのだけど。

夫だって、追いすがるようなこんな情けない質問、本当はしたくない。妻がホウレンソウ（報告・連絡・相談）をさぼるから、こうなってしまうのだ。会社では誰もそんなことはしなかった。たとえ女子部下でも。

夫の不安はことのほか深い。わかっている外出なら妻はあらかじめ、出かけることを告知してあげるべきだ。月の初めに概況報告として、外出の頻度や様子がわかっていて、週の初めに詳細確認があり、前の日にもう一度念押しがあれば、夫は不安を感じずにすむ。追いすがるような情けない質問を妻にしないでいられるのだ。

しかし、先に述べたように、女性脳には「今日は○○だから、○○しようかな」という発想が頻度高くあり、それが女性脳を活性化するために（ストレス解消のために。ということはひいては家族のために）、必要不可欠なのである。

したがって、妻のたまの「ふらり外出」を、夫は気持ちよく送り出そう。

その際だが、笑顔もなしに「出かけるの？」とは聞いてはいけない。これは夫にとっては、ただの確認なのだが、専業主婦の妻にとっては「また出かけるのか」という皮肉に聞こえるからである。ほぼ１００％そう聞こえるらしい。

「あ、出かけるの？」と笑顔で聞くこと。笑顔ならむしろ黙っているよりも妻に関心がある感じがして、聞いてくれたことが嬉しいという妻も多い。「出かける」が言いやすくなるしね。

「キレイにしてるね。出かけるんだね」なんて、笑顔で爽やかに声をかけられたら、それこそ最高なのだが、これは高等テクニック。夫のキャラクターによっては大げさすぎるし、その日の妻のキレイ度によっては、それこそ皮肉に聞こえるから気をつけて。

ポイントをまとめよう。

・「出かけるの？」は、笑顔で聞く（「どこへ行く」「何時に帰る」は聞かない）
・妻が出かけるときは、「気をつけて行っておいで」「楽しんでおいで」
・夕方までの用事のときは、妻の夕飯づくりを軽減する提案も◎。「夕飯は蕎麦でも作ろうか」「外で待ち合わせて、一緒にごはん食べようか」
・遅くなるときは「迎えは大丈夫？」
・帰ってきた妻に「楽しかったみたいだね、よかった」

《妻へのワンポイントアドバイス》

男性脳は、単なる確認で「どこへ行く？」「いつ帰る？」「ごはん、どうなる？」を聞いている場合がほとんどである。

GPS並みに空間認識力が高く、妻の位置を知っておかないと原点が定められず、不安になるから「どこへ行く？」を聞き、ゴール指向型の脳なので、「ゴールが決まっていないと、何の思考も始められない」から「いつ帰る？」を聞く。

臨機応変な女性脳がこの質問をするときは、たしかに皮肉で言うのだが、男性脳のそれは多くの場合、悪気がなく皮肉ではないことを、どうか腹におとしてほしい。

特に優秀な女性ほど、家事に責任を感じているし、「責められている」と感じる傾向が強いので、そばで見ていて切なくなってしまう。


先日、私の夫が、朝食後に出しっぱなしにしていた海苔の瓶を高々と上げて「これって、要冷蔵だよな」と言った。私がミステリー小説から目を離さず、「そうよ、要冷蔵」と爽やかに応えたら、夫は少し佇んだ後、すごすごと海苔の瓶を冷蔵庫にしまいに行った。するとお嫁ちゃんが「お母さん、心が強くてカッコイイ」と褒めてくれた。私はたぶん夫が確認してくれたのだろうと無邪気に思ったからそうしたのだが、もしかすると夫は皮肉で言ったのかもしれない。でも、どっちだっていい。気にしないほうが強いのだ。

夫源病のいくばくかは、夫に悪気がないのに、妻が悪気に取るせいで起こっているのかもしれない。それにたとえ悪気があったとしても、妻の無邪気に跳ね返されれば、結局どっかへ飛んでいってしまうこともある。とりあえず、夫の言動を「ただの確認」だと思ってみること。おためしあれ。

夫の禁則

## 二、朝食を食べながら「昼食は？ 夕飯は？」と聞かない

ある女性から、「休日になると、夫は朝ごはんのすぐ後に、昼どうする？」と必ず聞くのですが、なぜなんでしょうと質問された。彼女はそれが不愉快というわけではないのだが、そもそもその質問の意図がわからないし、休日のお昼ごはんのメニューなんて、朝から決めているわけじゃないし、聞かれると本当に困ると言っていた。

返答に困る質問は、やがてストレスになる。共働き夫婦のたまの休日ならいいけれど、これが定年後、毎日繰り返されるとなると、ことは深刻である。

一日の朝、昼、晩の献立をすべてきっちり決めて買い物に行き、その通りに作るという女性は、それほど多くないはずだ。ざっくりと決めてはいても、その日、そのときの状況に応じて、臨機応変に対応する。

たとえば、「鶏モモがあるから、夜は照り焼きにしようと思っていたけど、お隣の奥さ

んからいい里芋をいただいたから、筑前煮にしようかな」などという計画変更は日常茶飯事。気分、天気によってもメニューは変わる。

それに、お昼ごはんなんてたいていは残り物で作る。おなかが空いて冷蔵庫を開けるまで、戦略なんてないという女性もたくさんいる。

そんな女性に、早々とお昼ごはんの戦略を尋ねても、答えに窮するだけだ。

何度も言うが、男性脳はゴール指向。ゴールから前倒しにして計画を練るので、次のゴールを決めないと、なんとなく不安なのはわかる。お昼ごはんのメニューによって、生活の何を変えるわけじゃないんだけれど、そこが空席なのがしっくりこないのでしょう？ 働いているときと違って、次の目標がお昼ごはんしかないとなると。

しかし、女性は違うのである。ゴールがないほうが楽なのだ。段取り力の強い女性脳は、お昼ごはんのメニューを決めたら、そこに向かっていろいろ算段を始めてしまう。チャーハンと決めたら、ハムだけじゃ寂しいからエビを解凍しよう、にんにくをしょうゆ漬けにしておこう、などなど思いは広がる。直前に思いつけば、残り物のチャーシューとレタスでけっこう美味しいチャーハンがさっと作れるのに、前々から思いつくと精度を上げてしまうのである。

結果、お昼ごはんの用意が、ずしんと重荷になってしまう。長年主婦をしてきた脳は、段取りには手抜きができないのだ。

女性脳は段取り力がないから目標を定めないのではない。逆に段取り力が強すぎて、辛すぎるから、早々とは決めないだけ。だから、お昼ごはんのメニューを早々と聞かないで。夕ご飯のメニューを早々と聞かないで。これは、武士の情けである。

朝ごはんが終わって、お昼ご飯のために冷蔵庫を開けるまでの間、女性脳はつかの間料理を忘れて、他のことに専念できる。そのインターバルをあげてほしい。


また、長年お昼ごはんを作ってこなかった妻たちにとっては、今さらお昼まで作るのは、かなり辛い。一日の時間が分断されて、やれることが少なくなってしまうからだ。

もう二人とも亡くなったけれど、私の知人夫妻は、定年後、お昼は近くの食堂で、日替わりランチを食べることに決めていた。熟年世代なのでお昼に定食を食べると、夜は少なくてすむ。朝はトーストと卵、昼は日替わりランチ、夜はお茶漬けか蕎麦。妻が料理研究家で、料理をするとなったら、かなり気力と労力を使ってしまうから、と、夫である人は言っていた。たまの手作りは嬉しいが、毎日ならそのほうが自分も気が楽だし、妻も機嫌がいい、とも。

黒川の父と母は、昼は麺類と決めていた。蕎麦かうどんでさらりとすます。夜は同居している私たちが帰ってくるから手抜きはできないので、昼はさらり。それもまた、妻の料理時間を軽減するいいアイデアだったと思う。

夫婦それぞれに工夫をして、三食の料理に時間と気力を奪われる妻を救ってあげてほしいと思う。定年夫婦がランチを食べられる店、増えるといいのに。

### 《妻へのワンポイントアドバイス》

男性脳は、ゴール指向型である。ゴールを決めないと、最初の一歩が踏み出せない。だから、野球を始めたばかりの小学生でも、「大谷になりたい」「ダルビッシュになりたい」などと、それぞれにロールモデルを決めるのである。バレエを始めたばかりの女子が、「プリセツカヤみたいな瀕死の白鳥を踊る！」なんていうのは聞いたことがないのに。

そんな男性脳にとって、ゴールのない暮らし、目的のない人生は耐えられない。せめて次の食事をゴールにしよう、他に楽しみもないし……というわけ。そう考えると、「昼ごはんは？」と聞いて叱られるなんて、なんだかかわいそうな気もする。

夫に、ごはん以外の目標を持ってもらう、というのはどうだろうか。

クロスワードパズル、ジグソーパズルなんて、けっこう夢中になれる。私の父は、英語の勉強を始めた。英単語の暗記目標があるので（午前中10単語とか）、次のごはんのメニューを聞くことはなかった。

結局のところ、無趣味・無責務なのが問題。いっそのこと、お昼ごはんを作る役にしてしまってもいいのでは？　そうなったら、「お昼ごはんは何？」を聞いてくることはない。

夫の禁則

## 三、「たまの正論」を振りかざさない

妻の家事に小言を言う、は、禁止である。

たとえそれが正論であってもだ。

第2章でも述べたが、「やかんの水を出しっぱなしにして、他のことをするのなら、その作業量を見込んで、水道栓を調整しなさい。そんなに盛大に出すから、あふれてしまう」なんていうアドバイスは、余計なお世話もいいところ。

たしかに男性脳にとっては正論である。しかしそれは、脳によっては役に立たないどころか仇《あだ》になる。

家事は果てしない多重タスクだ。トイレに立ちついでにコップを片づけ、帰りに台拭きを持ってきて拭き、トイレットペーパーがなくなりそうなことにも気づき、脳内の「買い

物リスト」に加える。そうやって動くたびにタスクを見つけ、無邪気に片っ端から片づける。

それがストレスなくできるためには、「ゴールを見据えて、全体の整合性を図る」なんてことはしちゃいけないのだ。

やかんの水を出し始めたとき、女性脳は何をやるかなんて決めていない。やかんの水を入れているうちに、「あれ、やっちゃおう」「まだ、これもできる」ってな感じで、他のタスクに手を出すのである。この方式だからストレスが少ない。

多くの場合はうまくいくのだが、たまには水があふれ出す。しかしそれは想定内のリスク。このリスクをゼロにしようとして、並列処理タスクを最初にリストアップし、クリティカルパス（最も時間がかかる作業）の割り出しなんてしていたら、手が止まるし意識も止まる。結果、女性脳のマルチタスクは完全に機能停止してしまう。

工場の生産管理のような、その方式で何万回もラインが回るというようなシステムとはわけが違う。毎回タスクが違い、多重性の色合いも違う。そんな家事に生産管理システムの正論を言うのは間違っている。

たしかにそのことだけについて言えば正しい。しかし、システムの特性が違う以上、そのことだけを取り上げるのはナンセンスなのだ。

女はそれがわかっているので、こういう「たまの正論」を振りかざされると絶望してしまう。この人には何もわかっていないと、本当に悲しくなる。

在庫管理も同じである。

私の父は、トマトケチャップが1本ストックされているのに、もう1本買ってきた母に「おまえは無駄なことをする。ストックは一つまで」と説教したことがあり、「では、あなたが在庫管理をして買い物してください」と言われて、立ち往生したことがある。

各種調味料、お茶、コーヒー、トイレットペーパー、ティッシュペーパー、各種洗剤……家の中にはいったいどれだけのストック製品があると思っているのか。父はその把握さえできなかった。真面目に数えたら100を優に超えるこれらの製品を、女性たちは暗記と直感で管理している。そうして在庫チェックなんかしなくても、難なく買い足していけるのである。ときにはまだストックがあっても、安くなっていれば買ってくることもある。

そりゃ、たまには2本目のケチャップを買ってしまうこともあるだろう。在庫管理しなければ買ってはいけない、なんてやっていたら、最安値のチャンスを見逃してしまう。

厳密には、稀に無駄もあると思うが、それはそれ。想定内リスクである。

こうして、「ちょっと無責任なマルチタスク」をがんがん回して、女性脳は、できるだけストレスのないように家事を回しているのだが、それでも主婦は、在庫管理にかなりの気力を奪われる。

定年で家に入ったら、夫はいくばくかでも在庫管理を申し出てはいかが？　牛乳は俺が切らさないようにするとか、猫缶と猫砂は俺が担当するとかね。その申し出に、妻は胸キュンしてくれる（かも）。


「たまの正論」といえば、妻と他者（姑、嫁、娘、息子、妻の知人友人）とのトラブルにおいて、妻を非難することも、できる限り避けてほしい。

本人が悪ければ必ず報いを受ける。友人に見放されたり、孫が遊びにきてくれなくなったり。人道にもとる行為を除いて「妻のほうがちょっと狭量」「たしかに妻のその無神経なひとことが原因」くらいのことなら、夫が先頭に立って妻を責めることもないのでは？

私の父は、母と大喧嘩した私に、「おまえに言っておくことがある。この家は、母さんが幸せになる家だ。母さんを泣かせたおまえの負け」と言い切った。

ヒロミさんは、妻の伊代さんと息子さんが喧嘩したとき、「俺の女に、なんて口をきくんだ！」と叱ったそうだ。

どちらの夫も、「母さんが正しい」とは言っていないので、きっと、正論は別なのだろう。しかし、妻の留飲を下げ、子どもは納得して収まる。

こうやって、夫が肩を持ってくれれば、「いえ、私にも非があるの」と引くのが女心だ。四面楚歌では、身を守るために、ひたすらかたくなになる。

熟年夫婦の間で、「きみにも非がある」なんて正論、何の役に立つ？

《妻へのワンポイントアドバイス》

男性脳は「間違ったこと」に耐えられない。「正してやろう」という気がまんまんなのだ。これは危険回避のための大事なセンスなのだが、安全な家庭の中でも、この手綱を緩められないのが厄介なところだ。

ちょっとしたことなら白黒をうやむやにして、妻のえこひいきをしておけばいいものを、白黒つけたがって妻の気持ちを逆なでする。

夫に「えこひいき」を教えるためには、遠回りのようだけど、自分も夫に「えいこひいき」してあげるしかない。子どもが夫に文句を言ったとき、ここぞとばかりに尻馬に乗って「ほんと、お父さんってそうよね」などとなじっている場合じゃない。「お父さんはそれでいいの」とかばってみて。「なんで?」と子どもに聞かれたら、「私の愛する夫だから」なんてね。感動のあまり、逆のときには、夫が真似をしてくれるかも。

夫の禁則

## 四、妻を手足がわりにしない

夫はリビングのソファにどっかりと座ったまま、「あれ取って、これ取って」と、妻をアゴで使う。その口調も「コーヒー」とか「新聞」とか「リモコン」とか、単語一つで実にそっけない。これでは「私はあなたの部下ではありません！」と妻にキレられることになる。

妻は、自分の代わりに何でも見つけてくれて、何でもそつなくこなしてくれる。たしかにそうだろう。しかしだからといって、彼女を手足扱いしていいということにはならない。使えるということと、使っていいということは同義ではない。

妻には妻の生活がある。やるべきことがあって、ときには必要な休憩を取ってもいる。その時間に割り込み、妻の集中を削いでまで、リモコンを取ってもらう権利が夫にはあるのだろうか。

勤め人と専業主婦という夫婦の場合、妻は、夫のいる時間（平日夜と休日）は、夫の手足になってあげてきた。2階から「お〜い」と呼ばれれば、料理の手を止めてでも飛んで行ったことだろう。「お茶」と言われれば、さっとお茶を出しただろう。

多少イラっとしても、一日中家にいるわけじゃない。専業主婦である以上、夫の支援は私の仕事、そういう気概もあったかもしれない。しかし、定年退職して一日家にいる夫にそれをやられたらたまらない。男だって仕事に集中している最中に、上司に「あれ取って」「これやって」と頻繁に呼びつけられれば爆発するだろう。それと同じだ。

たとえば、「今日は二人協力して、ホームパーティを成功させる」などのように明確にチームになった場合を除いて、妻を手足がわりに使うのは、キッパリやめなければならない。しかも多くの場合、夫婦チームは、妻がリーダーである。家庭は半径3m以内の世界、ここに長く棲息してきた妻に勝てるわけがない。

先日、私のイタリア語の先生に、今書いているこの本の説明をするのに苦慮してしまった。イタリア語が難しいわけじゃない（最後はほとんど日本語でしゃべっていた）。この禁則五箇条を、イタリア男は、ほとんどしないからだ。

「2階から妻を呼びつける？　したことがない。イタリア男は誰もしない。イタリアの女性は絶対にこないから」

「お茶！　それだけでお茶が出るの？　イタリアでは店員さんにさえ、Per favore（お願いします）をつけるのに。しかも家でカフェを入れるのは男の役目」

「靴下を脱ぎっぱなしにする？　なんだそれ。イタリアでは大人はけっしてそんなことはしない」

「妻に小言？　とんでもない。女性たちの仕事には敬意を払う。家事は簡単なことじゃないから」

……だそうです。

イタリアでは職業を聞かれて、堂々と主婦（Casalinga、カーサリンガ）と答える。家ごとに独自のパスタとソースとドルチェを継承していくママたちの地位は高い。

「職業は？」と聞かれて、「いいえ、なにも。ただの主婦です」と応える我が国の主婦たちがなんと多いことか。かわいそうすぎる。そんな謙虚な態度だから、夫に手足のように使われてしまうのだ。

謙虚で優しい日本女性を妻に持つことは、ヨーロッパ男子の憧れなのだという。ヨーロッパ女子にはない資質だから。素敵な日本男子の皆さま、日本妻の謙虚さにつけ込まないで、彼女たちの「生活時間」を尊重しよう。自分のことは自分でしよう。たま～に甘えるのはいいけれど。

## 《妻へのワンポイントアドバイス》

男性脳には拡張感覚がある。道具や車やバイクが、まるで自分の体の一部のように感じる能力が高いのである。車好きの友人は、「タイヤが小石を踏んだら、自分の足の裏で踏んだように感じる」と豪語する。

そんな男性脳にとって、妻は自分の一部である。愛車のように。いや、車より愛しているのなら、愛車よりずっと。

自分の右手を褒めないように、男は自分の妻を褒めない。そして、自分の右手をねぎらわないように、男は自分の妻をねぎらわない。それだけでも腹が立つのに、右手のように自在に動かそうとしてくる。それが「おい」だの「お茶」だのである。

男性脳の機能から言えば、「おい」「お茶」の夫ほど、妻との一体感があり、妻に先立たれたら、あっさり死んでしまう。いっそ深い愛なのだが、妻にしてみれば死んでから証明されてもねぇ。

一体感を外すには、阿吽の呼吸で言うことを聞くのをやめるしかない。「お茶」と言われたら、「入れてくれるの？ 嬉しい！」くらいにちゃっかりしてみよう。

夫の禁則

## 五、ことばをケチらない

一緒に過ごす時間が増える定年後に、妻が辛いと感じるのが「夫と会話がない」「夫と会話が続かない」こと。

女の会話は、共感で始まり、共感で終わる。共感がなければ、どんなに長くしゃべっていても（うんちくや一般情報をプレゼントしても）、女はそれを会話とは言わない。

まずは、「おはよう」の挨拶を。

「おはよう、寒いね」「おはよう、いい天気だね」と、「おはよう」に続けて、その日の感じを口にする。「本当に寒いわね」なんて返ってきたら、共感を覚えた証拠。これだけで1ポイントゲットである。

荷物を運んできた妻に「重かったろう」、腰が痛いという妻に「腰か、それは辛いね」、姑や息子の嫁の愚痴を言う妻に「きみにばかり負担がかかるね」など、ネガティブな思いをことばにしてねぎらってあげると、女はとても心が通じた気がするとともに、話をわかってもらえた気がするのである。

暑い日に台所に立っていたら、「そうめんは涼しいけど、ゆでる人はたいへんだな」とねぎらう。このねぎらいは最大の共感だ。


もしも意見が分かれて、自分の意見を主張するときも、共感を忘れてはいけない。

蕎麦とパスタに意見が分かれたときも、「パスタもいいなぁ。でもね、あそこの新蕎麦、今日はきみにどうしても食べさせたいんだ」のようにね。

ポイントは二つ。相手の気持ちに「きみの言うこともわかる」「たしかにいいよな」などと共感すること。自分の意見を主張するときは、相手のデメリットを突くのではなく、こちらのメリットを相手に「あげたい」と主張すること。

男性はたいてい「そっちはここがダメだから、こっちにしなさい」という言い方をするが、共感のない正論は、何より悪い。「きみに食べてもらいたい」「きみに観てもらいたい」で攻めよう。

女を満たすには、実はそんなに頭を使わなくていい。相手のことばを優しく反復し、ねぎらえばいいだけだ。

そして、ときに「きみの茶わん蒸しは最高だな」「きみの手はキレイだね」などと美点を見つけて口にしてあげること。黒川の父は、よその女性の悪口を少しだけ言って、「そこにいくと、うち（母のこと）は、いいよな」とまとめていたっけ。真正面から妻を褒めるわけじゃないけど、ちゃんと気持ちは母に伝わっていた。

どうしても妻の美点を褒められない人は、妻のためにバラを育ててみたらどうだろうか。バラのように手のかかる美しい花を、「妻のために」と公言して丹精してみる。ある朝、妻に「きみのバラが咲いたよ」と告げる。

そう言われたら、「きみは美しい」と言ってもらえなくても、「バラに匹敵する女だ」と言われているような気がして、ふんわりするかも。

まぁ、世の中には、そんなことにはちっともロマンチックになれない妻もいるだろうけれど、それでも心の中で、こっそり1ポイントアップくらいはしている。おためしください。

とにかく、ことばをケチらないこと。

妻が何か言ったら、「そうだな、○○だな」と同調するだけでもいい。

## 《妻へのワンポイントアドバイス》

男は安寧な沈黙を必要としている。

男性は何万年も狩りをしてきた。自然の中で沈黙は、危険を察知する能力を上げる。荒野や森を歩いているときにおしゃべりをしていては、あらゆる気配に気づけない。獣の気配だけじゃない。山を歩くと、この先傾斜が急になるなどの地形変化も、足音の響きや風や植生の様子でわかったりする。狩人は山で寡黙なはずである。

その進化の果てに、21世紀の男性脳がある。ストレスが募ってきたら、安寧な沈黙を求めるのは、ごく自然なことではないだろうか。

というわけで、優秀な男性脳の持ち主ほどしゃべらない。妻に興味がないとか、今の暮らしに不満があるとか、そんなことじゃ、まるでないのだ。

女が無口になるのは無関心または不機嫌なときなので、つい、寡黙な夫と一緒にいると暗い気持ちになるが、「沈黙で癒されている」と思ったら、少しだけ気が楽にならないだろうか。

# 第4章

# 「妻の禁則」五箇条

## 男は本当は繊細で優しい

先日、ある方からこんな話を聞いた。

知人男性が、夜中に脳梗塞になったのだという。トイレに起きようと思ったら、足に力が入らない。これはやばいと直感したものの、妻は遠く離れた別の部屋に寝ていて、しかもいつも眠りが深い。そこで携帯電話まで這って行き、自分で救急車を呼んだのだそうだ。

しばらくして救急車がピーポーピーポーと音を立ててやってきた。こんなに頼もしい音だったのかと思ってほっとしたそのとき、玄関先に出た妻が、寝起きの不機嫌な声で「うちは、救急車なんか呼んでませんけど」と言って、救急隊を追い返してしまったのだという。

その後、119番から夫の携帯にリコールがあり、「いえいえ、今のがうちです」と訴え、事情を察した救急隊が再度駆けつけてくれた。もちろん、事なきを得たからこんな話ができるのだが、私はこの話、何度思い出してもなぜか笑えてしまう。私がこれを伝えた友人たちも、深刻な顔をしながらも、ぷっと笑ってしまう。なぜだろう。

家庭における熟年夫の哀れさを、ちょっとだけブラックユーモア仕立てにして、しみじみと表すエピソードだからなのに違いない。

第2章でも述べたように、私は夫婦別室を提案している。一緒に寝て、どちらかに睡眠ストレスがあって、イライラしながら日々を過ごし、健康を損ねていくくらいなら、別々に寝たほうがいい。別々に寝ていて、相手に何かあったら、それは運命である。人はいつか死ぬのだから。夫に何かあったことに妻が気づかないことは、けっして枷《かせ》にしてはいけない。最後の日々をぐっすり眠って、幸せに過ごしたことを良かったと思おう。

ただ、このエピソードを聞いたある熟年男性が、「助かってよかった。これで夫が手遅れになったら奥さんが一生辛いだろうから」とつぶやいた。その思いに私は胸を突かれた。多くの男たちは似た状況に陥ったなら、妻を恨むより、妻が後に気に病むことを案じるのに違いない。男性脳とはそういう脳だ。

武骨で、気が利かず、優しいひとことも言えない。威張り屋で、余計な正論を振りかざしてくる。無関心のくせに、文句だけは言う。そんなふうに見える男性脳だが、彼らなりに繊細で優しいのである。

彼らの脳をできるだけ脅かさないで、安寧に暮らさせてあげよう。

結果、自分が暮らしやすくなるのだから。
そのために妻がしてはいけないことをまとめてみた。

妻の禁則

# 一、いきなりストッキングを履かない

定年退職して、家にいるようになった夫の男性脳にダメージを喰らわすのが、「いきなりストッキングを履き始める妻」だ。

第2章の「夫婦の『定番』を作り直そう」でも詳しく述べているが、身辺を定番のもの、こと、行動で固めることを好む男性脳にとって、行き当たりばったりに見える妻の行動は大きなストレスとなる。ゆうべ「明日はシーツや布団カバーを洗濯しなきゃ」と言っていた妻が、朝食を終えるなり、いきなり化粧をしてストッキングを履き始めたら、夫は混乱してしまう。

妻にしてみれば「朝の天気予報で『午後に、にわか雨』と言っていたから、大物の洗濯は中止。代わりに前から行きたいと思っていた美術展に行って、ついでにデパートに寄ってくる」だけのこと。天気や友人からのお誘いによる急な予定変更も問題なし。臨機応変に動けるのが女性脳だ。

一方、想念にも空間認識力を使う男性脳は、常に座標原点を必要とする。そして多くの夫にとっての座標原点は、「妻のいる家」だ。

今まで「妻のいる家」を座標原点にして、外に出るという生活をしていた男性脳は、自分が家にいて、妻のほうが唐突に外に出てしまう、つまり座標原点（妻）のほうが動いてしまうことで不安になるわけだ。しかも急に動かれるとそのショックは大きい。

妻は、夫のショックを「私が出かけると機嫌を損ねる」「出かけようとすると文句を言う」と解釈する。しかし夫が機嫌を損ねているのは、妻の「外出」ではなく、妻が「いきなりストッキングを履くこと」だ。

突然の予定変更でも、夫に快く送り出してもらいたいなら、面倒くさくても報告・連絡・相談（ホウレンソウ）を徹底しよう。この例の場合なら、前日と朝に予定変更の（可能性も含めて）報告をしておくべきなのだ。

妻が行きたいと思っている美術展、イベント、映画などを、二人のホワイトボードに覚え書きとして書いておくのもいい。そうすれば夫の頭の片隅に、「妻が近いうちに行く予定の外出先」としてインプットされる。ときには、（ちょっとウザくても）夫を誘って一緒に出かけてみよう。急に思い立ってお出かけするワクワク感を夫にも知ってもらうために。

《夫へのワンポイントアドバイス》

女性脳は思いつきで動くようにできている。

家事はマルチタスクでないと片づかない。洗濯しながら、料理しながら、明日の仕事の準備をしながら、ついでに子どもの傘をたたんで、ついでにトイレの芳香剤を換えて、さらに子どもの水泳帽のネームタグをつけて、合間に夫の靴に消臭スプレーをしてあげて……などと、小さなタスクを思いつくままに積み上げていく。私は家事をしていると、お手玉を4個ぐらい回している感じがすることがある。おとさないように、とにかくおちてくる球を拾って投げる。でも次から次へ、球がおちてくる。そんな感じだ。

その家特有の、その日ならではのタスクがあるので、あらかじめタスクリストを作って、順番にやっていくなんていうことは到底無理。そんなことをやっていたら、家事なんていっこうに終わらない。

というわけで、「思いつくままに」が、主婦の脳の長年の癖なのである。思いつくままに動き、思いつくままに外出する。その行動にいちいち口を出さないことだ。

今までそんなことはなかった？　とんでもない、土日は我慢していたのである。

定年退職したら、毎日が「日曜日」だなんて思ってもらっちゃ困る。専業主婦は休日には、ちょっとだけ「いい妻」を演じていたのである。

優秀な主婦ほど思いつきで動く。「どこへ行く？」「何時に帰る？」など計画を問われるとモチベーションがどどっと下がる。

夫の禁則にも述べたけど、出かけるときには聞かないで、ほどよきところでメールをしよう。「いつ帰る？　やっておくべきことはある？」なんて御用聞きをしてあげたらいい。「6時には帰る。洗濯物、取り込んでもらっていい？」とご機嫌で返事が返ってくるはずである。

妻の禁則

## 二、ことばの裏を読まない

何も言わなくても、こちらの気持ちを察して、優しい言葉をかけ、行動する。これを女性は「思いやり」と呼ぶ。女性にとって「思いやり」は相手に対する「愛」である。だから、夫に対して日ごろから「思いやり」を発動する妻は、当然夫からも「思いやり」を期待する。

しかし残念なことに、男性脳にこの機能はついていない。標準装備ではなく、経験や学習によって手に入れるオプション機能だからだ。したがって「思いやり」で夫の愛を測ろうとすると妻は自滅する。男性脳の「愛と思いやり」の演算は、女性脳のそれとはまったく違っているので、女性脳にとっては、「愛されていない」「思いやりがない」ように見えるものだ。

男性脳の演算処理は、女性脳を傷つけ、不機嫌にさせ、悲しませる。しかし、その言動は男が男たるゆえん。正義感や冒険心などの男気や、客観性の高さ、フェアな精神、科学技術の高い能力を発揮するために、必要不可欠な能力なのである。男性脳は女性脳が望むようにはなれないし、もしも望み通りにしようと矯正すれば、これらの能力を失ってしまう。矛盾するようだが妻たちが愛に飢えないためには、男性脳を理解し、その無骨さ、気の利かなさを許して、男性脳をそのまま愛するしかない。

脳梁が太い女性脳は、右脳（感じる領域）と左脳（顕在意識とことばの領域）を密に連携させて、目の前の大切に思うもののわずかな変化も見逃さず、その思いを察して臨機応変に動くことができる。一方、男性脳の最大の特徴は、右脳と左脳の連携が悪いことにある。右脳と左脳をつなぐ神経線維の束、脳梁が、女性脳に比べて細いのがその原因だ。

脳梁が細い男性脳は、目の前のことに頓着せず、目の前の人の思いを察して動揺することもなく、普遍の仕事を成し遂げる。だから地の果てまで行くし、死ぬまで戦うし、ムラのない作業を延々と積み上げて、巨大建築物も作るし、精密機器も作る。男性脳は「目の前のこと」のためにできていない。だから女性脳から見れば、鈍感で、察しが悪く、思いやりがないように見えるのも、無理からぬことなのである。

つまり、多くの妻が絶望する、病気で寝込んでいるときの「俺のごはんはどうするの?」のひとことも、妻の気持ちに頓着していないがゆえの、単なる質問だ。「ごはんを作る様子がないけど、今晩、僕はどうすればいいのかな?」と聞いているだけだ。けっして、ごはんも作らず寝ている妻を責めているわけではない。

だから、「悪いけど今日は作れないので、コンビニで何か買ってきて。ついでに冷たい飲み物、レトルトのおかゆ、アイスクリームを買ってきてくれたら嬉しい」とお願いしよう。

このときのポイントは、夫が間違ったものを買ってきても(腹は立つけど)、文句は言わないこと。夫が「できなかったこと」ではなく、「やってくれたことに」フォーカスを。「やっぱり、あなたがいるっていいな。心強い」なんて言われれば、次に妻が倒れたときに、夫は自ら動いてくれるようになるはずだ。男性脳の「思いやり」は、学習で身につける。時間をかけて、妻が夫に教えてあげようではないか。

## 《夫へのワンポイントアドバイス》

女性脳は察することを旨としている。物言わぬ赤ん坊を育て上げ、女同士の密なコミュニケーションの中で生き残るために。このため、ことばの深読みをしがちだ。

たとえば「おかずこれだけ？」と聞かれれば、「これしかないのかよ」と聞こえる。「今日。何してたの？」と聞かれれば、「何にも片づいていないじゃないか。一日何してたんだよ」と聞こえる。「大変なら、しなくていいよ」は、「きみの仕事はたいして重要じゃない」に。夫にしてみれば単なる確認だったり、話のきっかけを作ろうとしたり、いたわってあげたつもりなのに……。

優秀な主婦ほど、「目標が高く、自己評価が意外に低い」ので、こういうネガティブな深読みをすることに。

話の糸口は、質問（今日何してた？）で始めてはいけない。自分の話をすることだ。

今日、自分に起こった、ちょっとした「とほほ」、ちょっとした発見、ちょっとした嬉しかったこと。するとそれが呼び水になって、妻の話がするすると出てくる。おためしあれ。

妻の禁則

## 三、口角を下げない

妻を褒めるのが苦手という夫は多い。

これも別に「妻を褒めたら調子にのるからしない」といった意地悪な心根があるわけではない。男性脳は、目の前のもの（妻）に頓着しないだけでなく、自分のことにも頓着しない。

空間認識力が高い男性脳は、拡張感覚が女性脳よりはるかに高く、バイクのメカや道具を、自分の身体の一部のように感じている。まるで、神経がつながっているような感覚でバイクを操り、道具を使う。そして、長く一緒に暮らしている妻も、その能力を使って、自分の一部のように感じてしまうようなのだ。

自分の右手をわざわざ褒めないように、夫は妻を褒めたりしない。自分の右手に「愛しているよ」と言わないように、夫は妻に愛のことばを伝えない。近くにいる大切な人のことを最優先に思い、えこひいきする女性脳とは真逆なのだ。

だから、夫の一部になってしまった妻は、夫と一体化すればするほど、愛のことばをもらえないし、料理に「美味しい」とも言われず、おしゃれをしても「綺麗だね」のひとこともももらえない。

「うちなんて、褒めことばどころか、いっつも仏頂面。夫の顔を見るだけで憂鬱になる」という妻たちも多い。では、そう思っているときの自分の顔を鏡で見たことがあるだろうか。ないのであれば、「夫の仏頂面、本当にイヤ」と思った瞬間に鏡を見てみて。眉間にシワ、口角が下がった「おばちゃん」が映っていない？

脳の中にはミラーニューロンという脳神経細胞がある。鏡の脳細胞という意味である。これは、目の前の人の表情筋を自分の表情筋の神経回路に写し取ってしまう細胞で、赤ん坊のときにとても多く、この能力によって赤ん坊は、ことばや、表情や、様々な感情を獲得していく。

もちろんミラーニューロンは大人にもある。家族や友達が何人かで写真を撮るときに、カメラマンを交代しながら撮影することがある。同じ日、同じ場所で撮影したにもかかわらず、こっちの写真はやたら楽しそうで、別の写真は全員真面目顔だったりする。これは、シャッターを切る人によって、写される人の表情が変わるからだ。ニコニコ笑いかけられながらシャッターを切られれば、写される人は笑顔になるし、無表情のままシャッターを切ると、写される人も無表情になる（面白いので、ぜひ実験を）。

つまり、夫と妻は合わせ鏡。仏頂面の夫の前には、仏頂面の妻がいる。もしも、夫に微笑んでいてほしかったら、思い切り口角を上げて話しかけてみて。多分夫の表情も緩むはずだ。

褒めことばも同じだ。「そっちが言わないなら、こっちも言ってやるもんか」と意地を張っていたら、聞きたいことばは一生もらえない。夫のいいところをいっぱい見つけてことばにしよう。「あなたコーヒー淹れるの天才！」とか、「あなたが洗うとお風呂がピカピカで気持ちいい！」とか、実際の気持ちの3倍増しくらいで。「褒められると嬉しい」という気持ちを、男性脳に教えてあげよう。

《夫へのワンポイントアドバイス》

ミラーニューロンはお互い様だ。

夫が仏頂面なら、妻の表情もたいていは明るくない。

家庭内に笑顔とユーモアを導入しよう。最初は片方が空回りしているように感じるかもしれないが、やがてもう片方も巻き込まれる。

妻の禁則

## 四、縄張りを侵さない

女性脳に、今ひとつ理解しづらいのが男性脳の「縄張り意識」。

男性脳の特性をわかっているつもりの私でも、ときにびっくりしてしまう。

先日ベランダの植物に水やりをしたときのこと。隣家の花の鉢がカラカラに乾いているのに気づいて、ついシャーっと水をかけたら、そばにいた夫に「余計なことをするな」と叱られてしまった。

お節介の代名詞である「おばちゃん」世代は、相手が困っていれば、もしくは困っているだろうと察すれば、他人の領域に踏み込むことに抵抗はない。私は花がかわいそうだと思っただけなのだが、夫はこの柵を越えて、勝手に水やりをするのは間違っていると一歩も引かない。「あ、これはテリトリーを侵すこと、侵されることへの不快感だな」と気づいた。

空間認識力の高い男性脳は、物事の配置と位置関係に鋭敏《えいびん》だ。脳は幾つかの定点を頼りに、空間の枠組みを形成する。見慣れた空間を把握するとき、この枠組みを頼りにしているのである。古来、狩りをし、現代ではメカを組み立てる男性脳は「遠くの視点」と「動くもの」に強いのだが、これらは基準点が動かないことで保証される。この基準点の位置が予想に反して変わると混乱してしまい、神経系のストレスとなってしまう。

この空間認識に関する鋭敏さは、物理空間のみならず、想念の空間にまで適用される。男性が「決まり」にこだわるのも同じ理由。女性脳にとっては「その決まりを守らないほうが、うまくいくのに」という場合もあるのだが、これこそが、基準点の死守なのだ。

同様に人間関係の配置や位置関係も繊細に把握していて、その秩序が乱されるのを嫌がる。それゆえ、職域や肩書きを超えた行動は、男性脳には僭越に感じられるし、それ以上にイラっとする。生理的な不快感があるのだ。

私が隣家の花に許可なく水をやる行為も、「花がかわいそう」などという思いをはるかに上回る不快感が、夫にはあったのだろう。

10年以上前、ある自動車メーカーの事例が感性工学会で取り上げられたことがある。その自動車メーカーでは、企画がスタートしてから製品の完成までに2年以上かかっていた。それを約1年近く短縮することに成功したことが発表された。短縮成功の鍵は横の連携。今までは、デザイン部門、生産管理は生産管理部門と、それぞれの縦社会の中で、交流がなかった。交流がないと、たとえば生産管理で「ここのアールが少し甘かったら大量生産できるのに、アールがちょっときついせいで大量生産が難しい、アールをちょっと甘くしたい」と思っても、デザイン部門にそれが言えない。そういう状態だったと。

そこで、気軽に話し合いができるよう、部門と部門の間にカフェのようなラウンジを作った。ラウンジでコーヒーを飲みながら、部門を超えて話ができるように風通しを良くしたら、驚くほど工期が短くなったという。

劇的な改革という感じの発表だったが、もしも女性脳であれば、このようなことは日常茶飯事に起きる。「このアールがもう少し甘ければ、この間のあれで使えるんですよね。じゃあちょっとデザイン部に交渉してきます」となったはず。それがそうならないまま、数十年もの歴史の中で、デザインはデザイン、生産は生産でテリトリーを守り続けてきたのである。

これはまさに男性脳と女性脳の違いを解説するのにうってつけの事例だ。女性脳は、臨機応変にテリトリーを軽々と超え（男性脳的に見るとテリトリーを侵し）、それぞれの妥協点を取りまとめてうまく着地させることがうまい。

しかしデメリットもある。臨機応変、忖度ばかりになってしまうと、皆がそこそこ満足はするが、突出したところのない、同じようなものばかりが出来上がってしまうのだ。

一方、テリトリーを守りたい男性脳は、相手のテリトリーを尊重する。だから、たとえばデザイン部が「これを作りたい」となれば、生産部はそれがどんなにたいへんで非効率でも、その心意気を実現すべく努力する。つまり、互いの縄張りをリスペクトすることによって、ほかにはない、突出したものを作り上げることができるのだ。

家庭に入ったからといって、男性脳がそう変わるものではない。小さくてもいいから、夫の書斎（ガレージ、工房）を確保して、その空間にはなるだけ足を踏み入れない。まして や勝手に片づけないこと。

家事も分担したら、彼のタスクについては、いちいち細かいことを言わないことも大事。やり方を尋ねられない限り。

もう少しこうしたほうが……、先にこっちをしたほうが……。言ってあげたいアドバイスは山ほどあれど、これはもう見守ろう。失敗して試行錯誤を重ねることも、仕事を覚えるのには大事なことである。

融通の利かなさ、頑固さにうんざりするかもしれないが、「この人はそういう男性脳型の組織の中で35年間生きてきたんだ」と知るだけでも、夫の見方が変わってくるはずだ。

だから、夫をベランダ担当に任命したら、自分の花を買うときも「あなた、350円のかわいいスプレーバラが出てるんだけど、買ってもいい？」と相談する。お風呂のカビ取りが夫のテリトリーなら、どんなにいいカビ取り剤を見つけても、まずは夫に相談だ。

臨機応変力を発揮してそこを勝手にやってしまうと、夫は自分のテリトリーだと思わなくなってしまう。気まぐれに手を出しておきながら、「全然やってくれない！」と怒るのはお門違いである。

《夫へのワンポイントアドバイス》

女性脳は他人の領域に踏み込むことで、安全を確保し合っている。男性から見れば、相手の領域をかき回して去っていく厄介な存在だ。しかし、そのお節介に、どれだけの命が救われているかわからない。

これは本能なので説得しても無駄。やはり自分の場所を確保して、「ここは手をつけてくれるな」とお願いするしかない。早いうちに自分の居場所を作っておこう。

妻の禁則

## 五、「あ〜もうこれやらなくていいんだ」は言わない

身の回りを定点で固め、遠くの目標点を素早く見定め、最短最速でそこへ到達したい男性脳にとって、揺るがない秩序のもとで責務を課せられ、それを遂行することは、自らの感性構造に一致するので、根底的な快感がある。

責務遂行に快感がある男性脳は、責務を遂行し続けた相手に愛着がわく（女性脳は共感し合うことに快感があるので、共感してくれる人に愛着がわく）。だから、30年以上にわたって、責務を果たし続けてきた会社への愛は半端ないし、長く連れ添った妻への情も深いのだ。

ある企業のボードメンバーである男性が、「妻は結婚してから今日まで、毎朝、どんなときも僕の靴を磨いておいてくれる」と話してくれたことがある。三十数年前、長身でハ

ンサム、遊びも仕事もスマートにこなす彼に、多くのチャーミングな女子が恋をし、あきらめて去っていったことも知っている。結局彼は、明るく朗らかで、毎朝彼の靴を磨くことを楽しむ女性を妻にして、何十年も幸せに暮らしている。

世の妻たちは、彼の妻の「靴磨き」と同じように、結婚して以来、夫のために何かをずっと続けている。朝ごはんに味噌汁を作る、どんなに喧嘩してもお弁当は作る、毎晩ワイシャツにアイロンをかける、玄関まで見送る、なんていうのもあるかもしれない。

男性脳は、毎日毎日、同じことを繰り返し、生活を紡いでくれる妻を定点にして、心置きなく遠くを見ることができる。社会で活躍できるのも、冒険の旅に出られるのも、「帰るべき場所」が相も変わらずそこにあるからだ。そんな「相も変わらぬ、暮らしを紡ぐ人」に、責務を果たし続けることが、男性脳に安寧をあたえ、愛着ポイントが降り積もっていく。

暑い日も寒い日も仕事に出かけ、毎月給料を渡し、毎週決まった日にゴミを出し、週末には買い物につき合う……男性脳にとっては、この「責務遂行」こそが「愛」なのだ。

そして夫たちは、妻が同じように毎日毎日、何十年にもわたって自分のために続けていることを自分への愛だと信じている。

定年退職した夫が、これだけは言ってほしくないということばがある。それが「あ〜もう○○しなくていいんだ」だ。

「明日からお弁当作らなくていいのね〜」
「毎日早起きしなくていいんだ」
「私も主婦を退職しまーす」
「朝ごはんは、これから各自でお願いします」

それぞれ続けてきたことによって、バリエーションはあるにせよ、夫の定年退職をきっかけに、「これ、もうやらなくていいんだ」と喜ばないで。夫がそれこそが「愛」だと思っていたものがたちまち色あせてしまうから。このことばは、これまでの30年を灰にしてしまうひとことだ。

だから、「もうお弁当作らなくていいんだ」の代わりに、ぜひ「明日からもう弁当を作らないなんて、寂しいな」と言おう。これが夫婦の30年をダイヤモンドにする。

そしてできれば、毎日靴を磨いていた妻は、これからも夫が外出するたびに靴を磨いてあげよう。弁当を作ってきた妻は、自分だけ外出する日に、たまに弁当を作っていってあげよう。愛がここにあることを伝えるために。

## 《夫へのワンポイントアドバイス》

実は、妻の「もうお弁当作らなくてもいいんだ」は、皮肉なんかじゃない。「え〜、寂しいな。きみのお弁当大好きなのに」を言ってもらいたいのである。今まで頑張ってきたお弁当作りが、いかに夫にとって嬉しくて支えだったかを言ってもらえればそれで充分。皮肉だなんてとんでもない。

「もう○○しなくていいんだ〜」には、「え〜、寂しいよ〜。大好きだったのに」を返そう。「私も寂しい——!」と妻も言ってくれるかもしれない。けっこうロマンティックなやり取りである。お試しください。

# おわりに
## ～挽回の呪文

「仕事と私、どっちが大事？」

若き日の妻から、こんなことばが出てきたことはあるだろうか。

この質問への夫の答えは、もちろん、「寂しい思いをさせてごめんね」（相手の気持ちをことばにして謝る、の共感セオリーにのっとって）なのだが、こんな質問、結婚30年選手の定年夫婦にはありえない。

ただ、この質問が出る若妻の場合、20年以上も経つと、夫の定年前に、心にこんな思いが去来することがある。「この人と一緒にいる意味がない」。

一緒にいる意味がない、意味がわからない。――こんな恐ろしいセリフはない。

熟年離婚した元妻方に、「夫に離婚を言い出すときの最初のセリフを教えてください」と尋ねたアンケートでも、「一緒にいる意味がない（わからない）」というセリフは、堂々の1位だった。

仕事と私、どっちが大事？

そもそもこの質問の意味を男性は誤解している。物理的に放っておいたから、家族サービスをしなかったからこんな文句が出た、と思っている。クレームをつけられたと思っているのだ。

でもそうじゃない。妻のほうは、「相手の人生から締め出された感じがして」このセリフを吐いたのである。

ウルトラマンの妻になったことを想像してみて。

私はよくこの喩《たと》えをする。

ウルトラマンである。何万光年も向こうの知らない生物の命を救いに、命がけで出かけてしまうのだ、この夫は。

妻としてはわけがわからないが、それがあなたの使命だと言うのなら、行ってらっしゃいと送り出す。しかしウルトラマンは英雄なので、たまに帰ってきても、愚痴を言わない。

黙ってご飯を食べて、また出かけてしまう。これがいけないのである。

ウルトラマンは、愚痴を言うべきなのだ。「今日、ゼットンにここ焼かれて、熱かった」と甘える。すると妻は、「ウルちゃん、かわいそう。フウフウしてあげるね」なんて言って、相手の人生に参加できる。逆に言えば、愚痴を言わない英雄夫は、妻を人生からしめ出してしまうのだ。

仕事に誠実で、仕事の辛さを決して家族に見せまいとする、ヒーロー男子ほど、この事態に陥る。結果、妻は絶望してこう言うのだ。「仕事と私とどっちが大事？」。家事を手伝ってくれないとか、家族サービスがないとか、そんな些末《さまつ》なクレームじゃないのである。

しかし、そう思った夫は、「どっちも大事に決まっているじゃないか」と困惑顔をするか、「バカなことを聞くな」なんて仏頂面をする。やがて妻はあきらめて、このことばを口にしなくなる。

飲み込んだその小さなあきらめは、やがて胸の奥で膨れ上がり、「一緒にいる意味がない」ということばになって浮上する。

さて。

このことばを言われたら、夫は即座に憤慨してほしい。「バカなこと言うなよ、一緒にいるだけで意味がある。そんな女はおまえだけだ」。

妻と一緒に読む本に、そんな決めゼリフを書いていいの？　と思っている方もいると思う。いいのである。なぜならこのことばは、すべての男性の真実だからだ。

男性脳は、共に生き、責務を果たし続けた（自分がいることで生きている）存在と一緒にいるだけで意味がある脳なのだ。いや、それ以上だ。その存在がなければ、生きている意味を見失う悲しい脳なのである。そして、生涯給料を運び続けたのは妻だけなのだから、彼女しかいないのも真実なのである。

たとえ何もしてくれない妻でも、自分を頼っている限り、夫は見捨てたりしない。実のところ、妻はよい妻でいようとして存在意義を表明しなくたっていいのである。

しかし女性脳は、自己価値を上げようと必死になる。夫がそれを認めてくれないから、絶望する。けれど夫は、そのずっと以前に、妻の存在をがつんと認めているのである。

したがって、「一緒にいるだけで意味がある」。このことばに嘘はない。ちゃんと言えたら、妻は許してあげてほしい。

これは、瀬戸際ぎりぎりの「挽回の呪文」。しかし、夫婦の真実をあぶりだす、珠玉のセリフだ。

先日、私のスタッフ（40代女性）が、我が家に泊まったときのこと。

朝早い出発で、私たちはバタバタと準備をしていた。

そこへ、夫がいつもの時間に起床してきた。夫の朝ごはんは、ここ数年、バナナに卵料理にプロテインである。その朝、私は、ゆで卵をゆでるのが精いっぱいで、殻をむいてあげる時間がなかった。

「シンクのわきに、ゆで卵があるから食べてね」と声をかけたら、「もしかして、このむいてない卵が、俺の卵?」という声が返ってきた。

そうしたら、私のスタッフが間髪入れずに激怒した。「何、言ってるんですか！　ゆで卵の殻ぐらい、黙ってむいてください！」。

夫は、「彼女、なに怒ってるの?」と、不思議そうに私を振り向いた。私は、ウィンクをして、彼女の車に乗り込んだ。

空港へ向かう道すがら、私は彼女に「もしかして、パパが皮肉を言ったと思った？」と聞いたら、「あれが皮肉じゃなくて、なんなんですか」と尖っている。

「あれね、パパはただ確認しただけよ。いつもむいてもらってるから、もしも、どこかにむいた卵があったらいけないと思って、むいてないのが自分のでいいんだよね？　むいてもいいんだよね？　という意味で言ったのよ。彼の気持ちはニュートラル。朝はぼうっとしてるから、皮肉なんか言うほど頭が回ってないって」と解説してあげた。

彼女は半信半疑だったらしく、後日、夫にたしかめていた。夫は「なんで皮肉なんて言う必要があるの？　間違えちゃいけないから確認しただけだよ。きみはずいぶん、尖った考え方をするんだねぇ」と笑っていた。私は「この世の女性の多くは、あのことばで傷つくのよ。おまえがむくべきだろ、さぼるなよ、って聞こえるわけ。私だって10年前まではそうだった気がする」と、夫をたしなめた。

私のスタッフは、「こんなにわかってくれる人は、伊保子さんだけですよ、わかってます？」ともう一度夫にくってかかる。「わかってるけど」と、夫は苦笑いだ。

私たちは結婚34年になる。

ここへきて、やっと「阿吽の呼吸」感が漂ってきた。

女をイラつかせる、彼の言動のあれやこれやに一切の邪気がないことを、頭ではなく、心でわかってきたのである。そうなってみると、夫とは本当に一途で誠実でかわいいものである。あれを皮肉だと思っていた日には、あんなに憎らしかったのに。

大きな地雷さえ踏まなければ、そして、多少のユーモアがあれば、夫婦の阿吽の呼吸は、時が作り出す。しかしその道の、なんと細くて過酷なことか。

でも、その道を通ってきたからこそ、「この人と、二人」の意味があるのである。

若き日、わかってくれなさに絶望して、「一緒の空気を吸うのも嫌」と思った日もあったのに、「この人がいなければ不便かも」から「この人がいなければ、この人生はなかったな」と思える域へ。50代後半の多くの女友達が、そんな道を歩いている。

夫婦は投げ出さないほうがいい。ふっくらと優しい夫婦の朝は、結婚30年を越えたころ、腐れ縁の果てにやってくる。定年による環境変化で、「夫婦のしあげ」に失敗するなんて、残念過ぎる。

実は、結婚34年目の我が家の夫が、今年の3月に定年退職する。

そして、この本の執筆のパートナー、大親友の坂口ちづさんが結婚28年目を越え、「夫婦」完成のクライマックス・シーズンに入った。

ここで「夫婦」になれなかったら、永遠に「夫婦」になれないかもしれない……と感慨にふけった私たち。

そんなとき、SBクリエイティブの石塚理恵子さんが、「定年」と「夫婦」というキーワードで、企画を持ち込んでくださったのだ。こんなタイムリーなことってある⁉ 編集者としての勘と運が素晴らしい。こうなったら私たちが、夫婦道を踏み外さないために、今一度、知恵を出し合おう！

そうして生まれたのがこの本である。

同じように、「夫婦のしあげ」に向かうすべての夫婦に、この知が届きますように。祈るような気持ちで。

さて、いかがでしたか？

さしあげた提案の中には、できることも、できないこともあると思う。完璧を目指さなくてもいい。できることからコツコツとで十分。定年後、夫婦時間は、まだたっぷり残っている。


定年を楽しもう。

夫婦を楽しもう。

かつて、ウォーターフロントでシャンパングラスを傾けた、あの日のように。


かつてバブルを楽しみ、10スイートダイヤモンドを妻に贈った諸兄（いや諸弟か）に提案がある。

結婚70年時代、折り返しの35年目（あるいはクライマックス・シーズン入りの28年目）を目安に、もう一度、プロポーズしてみては？

「きみは、本当に素敵だね。あの日、きみしかいないと思って結婚したけれど、今も僕の気持ちはまったく変わらない、僕にはきみしかいない。どうかこれからも、僕と一緒に歩いてください」と。

膝が悪くない人は、ひざまずいてみよう。

今さらダイヤモンドはいらないけれど、二度目の結婚指輪を交換してもいい。最初のはかなりくたびれているからね。そうそう、花束は忘れないで。

「何を今さら、バカじゃないの」と言われても気にしなくていい。二度目のプロポーズは、最初のそれと違って、ボディブローのように後から効いてくる。

愛する人のために、一度くらい恥をかいてもいいじゃない？

28年越えの妻には、それだけの価値がある。もう知っていると思うけれど（微笑）

2019年2月14日、愛の日に

黒川伊保子

**著者略歴**

**黒川 伊保子**（くろかわ　いほこ）

1959年、長野県生まれ。人工知能研究者、脳科学コメンテイター、感性アナリスト、随筆家。奈良女子大学理学部物理学科卒業。コンピュータメーカーでAI(人工知能)開発に携わり、脳とことばの研究を始める。1991年に全国の原子力発電所で稼働した、“世界初”と言われた日本語対話型コンピュータを開発。また、AI分析の手法を用いて、世界初の語感分析法である「サブリミナル・インプレッション導出法」を開発し、マーケティングの世界に新境地を開拓した感性分析の第一人者。近著に『女の機嫌の直し方』(集英社インターナショナル)、『妻のトリセツ』(講談社+α新書)など多数。

SB新書　473

# 定年夫婦のトリセツ

2019年4月15日　初版第１刷発行
2020年3月４日　初版第10刷発行

著　者　黒川《くろかわ》 伊保子《いほこ》

発行者　小川 淳

発行所　SBクリエイティブ株式会社
〒106-0032　東京都港区六本木2-4-5
電話：03-5549-1201（営業部）

装　幀　長坂勇司（Nagasaka design）

組　版　アーティザンカンパニー

編集担当　石塚理恵子
（協力 坂口ちづ）

印刷・製本　大日本印刷株式会社

本書をお読みになったご意見・ご感想を下記URL、
または左記QRコードよりお寄せください。

https://isbn2.sbcr.jp/01638/

落丁本、乱丁本は小社営業部にてお取り替えいたします。定価はカバーに記載されております。本書の内容に関するご質問等は、小社学芸書籍編集部まで必ず書面にてご連絡いただきますようお願いいたします。


ISBN 978-4-8156-0163-8